-chizu

Todōfuken-mei

(Kenchō-shozaichi-mei)

Hokkaidō-chihō

1 Hokkaidō (Sapporo)

Tōhoku-chihō

2 Aomori (Aomori)

3 Iwate (Morioka)

4 Miyagi (Sendai)

5 Akita (Akita)

6 Yamagata (Yamagata)

7 Fukushima (Fukushima)

Kantō-chihō

8 Ibaraki (Mito)

9 Tochigi (Utsunomiya)

10 Gunma (Maebashi)

11 Saitama (Saitama)

12 Chiba (Chiba)

13 Tōkyō (Tōkyō)

14 Kanagawa (Yokohama)

Chūbu-chihō

15 Niigata (Niigata)

16 Toyama (Toyama)

17 Ishikawa (Kanazawa)

18 Fukui (Fukui)

19 Yamanashi (Kōfu)

20 Nagano (Nagano)

21 Gifu (Gifu)

22 Shizuoka (Shizuoka)

23 Aichi (Nagoya)

Shikoku-chihō

36 Kagawa (Takamatsu)

37 Tokushima (Tokushima)

38 Ehime (Matsuyama)

39 Kōchi (Kōchi)

みんなの日本語初級Ⅰ
本冊ローマ字版

Minna no Nihongo Ⅰ

Rōmaji-ban

スリーエーネットワーク

Published by 3A Corporation.
Shoei Bldg., 6-3, Sarugaku-cho 2-chome, Chiyoda-ku, Tokyo 101-0064, Japan

ISBN4-88319-166-4 C0081

First published 2000
Printed in Japan

まえがき

本書は、『みんなの日本語』という書名が示すように、初めて日本語を学ぶ人が、だれでも楽しく学べるよう、また教える人にとっても興味深く教えられるように3か年以上の年月をかけて企画・編集したもので、『新日本語の基礎』の姉妹編ともいうべき本格的な教科書です。

ご存じのように『新日本語の基礎』は技術研修生のために開発された教科書であるにもかかわらず、初級段階の日本語教材として、内容が十分整備され、短時日で日本語の会話を習得しようとする学習者にとって、学習効率が抜群によいところから、現在も国内はもちろん海外でも広く使われております。

さて、近年日本語教育はますます多様化してきております。国際関係の発展に伴い諸外国との人的交流が深まる中、さまざまな背景と目的を持つ外国人が日本の地域社会に受け入れられてきています。このような外国人の増加による日本語教育をめぐる社会環境の変化はまた、それぞれの日本語教育の現場にも影響を及ぼし、学習ニーズの多様化と、それらに対する個別の対応がもとめられています。

このような時期にあたり、スリーエーネットワークは、国の内外で長年にわたり日本語教育の実践に当たってこられた多くの方々のご意見とご要望にこたえて、『みんなの日本語』を出版することとなりました。すなわち、『みんなの日本語』は『新日本語の基礎』の特徴、学習項目と学習方法のわかりやすさを生かすとともに、会話の場面や登場人物など、学習者の多様化に対応して、より汎用性の高いものとするなど、国の内外のさまざまな学習者と地域の特性にも支障なく、日本語の学習が楽しく進められるように内容の充実と工夫を図りました。

『みんなの日本語』の対象は、職場、家庭、学校、地域などで日本語によるコミュニケーションを今すぐ必要としている外国人のみなさんです。初級の教材ですが、登場する外国人のみなさんと日本人の交流の場面には、できるだけ日本事情と日本人の社会生活・日常生活を反映させるようにしました。主として一般社会人を対象にしていますが、もちろん大学進学の予備課程、あるいは専門学校・大学での短期集中用教科書としてもお勧めできるものです。

なお、当社では学習者の多様性と現場の個々のニーズにこたえるため、今後も引き続き新しい学習教材を積極的に制作してまいりますので、変わらぬご愛顧をお願い申しあげます。

最後に、本書の編纂に当たりましては各方面からのご意見、授業での試用など、多大のご協力をいただきました。ここに深く感謝申し上げます。スリーエーネットワークはこれからも日本語学習教材の出版等を通じて、人と人とのネットワークを全世界に広げて行きたいと願っております。

どうか一層のご支援とご鞭撻をお願い申し上げます。

1998年3月

株式会社スリーエーネットワーク

代表取締役社長　小　川　　巖

凡例

Ⅰ. 教科書の構成

『みんなの日本語 初級Ⅰ』は「本冊」、「翻訳・文法解説」、及び「カセットテープ」／「CD」よりなる。「翻訳・文法解説」は英語版がある。他の言語についても、順次完成させていく予定である。

この教科書は日本語を聞く、話すということを中心に構成されている。従って、ひらがな、かたかな、漢字などの文字の読み書き指導は含んでいない。

Ⅱ. 教科書の内容及び使い方

1.「本冊」

1）日本語の発音

日本語の発音上注意すべき点について、主な例を提出してある。

2）教室の指示のことば、毎日のあいさつと会話表現、数字

教室での指示、日常の基本的あいさつなどでよく使われるものを掲げた。

3）本課

第1課から第25課まであり、内容は以下のように分けられる。

① 文型

その課で学ぶ基本文型が掲げてある。

② 例文

基本文型が実際にどのように用いられているかを質問及び答えという小さい談話の形で示した。また新出の副詞や接続詞などの使い方や基本文型以外の学習項目も示されている。

③ 会話

会話には日本で生活する外国人が登場し、様々な場面を繰り広げる。各課の学習内容に日常生活に使用されるあいさつなどの慣用表現を加えた。

平易な会話であるから、全文暗記することが望ましい。余裕があれば、「翻訳・文法解説」中の参考語彙を利用して、会話を発展させ、幅広い会話力を身に付けてほしい。

④ 練習

練習はA、B、Cの三段階に分かれる。

練習Aは文法的な構造を理解しやすいように、視覚的にレイアウトした。基本的な文型の定着を図ると共に、活用形の作り方、接続の仕方などを学びやすく配慮した。

練習Bでは様々なドリル形式を用いて、基本文型の定着の強化を図る。指示された例に従って練習すること。☞の印の付いた番号は絵チャートを用いる練習を示す。

練習Cは文型が実際にどのような場面、状況の中で、その機能を果たすかを学び、発話力につなぐための短い会話ドリルである。単にリピートするだけでなく、モデル文の代入肢を変えたり、内容を膨らませたり、さらには場面を展開させたりする練習を試みてほしい。

⑤ 問題

問題には、聞き取り（マークの箇所）問題、文法問題及び読解問題とがある。聞き取りはテープ／CDを聞いて、短い質問に答える問題と、短い会話のやり取りを聞いて要点を把握する問題とがある。これらは聞き取りの力の強化を図るために設けた。文法問題では、語彙や文法事項の理解を確認する。読解問題は既習語彙、文法を使った平易な文を読んで、その内容に関する質問に答える。

⑥ 復習

数課ごとに学習事項の要点を整理するために設けた。

⑦ まとめ

巻末に、この教科書に提出された助詞や、動詞のいろいろなフォームの使い方、副詞や接続詞などの文法事項を項目ごとにまとめ、例文を掲げた。

⑧ 索引

「教室の指示のことば」、「毎日のあいさつと会話表現」、「数字」をはじめ、各課の新出語彙、表現などが各々の初出課と共に載せてある。

2.「翻訳・文法解説」

1）日本語の特徴、日本語の文字、日本語の発音についての説明

2）「本冊」中の「教室の指示のことば」及び「毎日のあいさつと会話表現」の翻

訳

3）第1課から第25課までの

① 新出語彙とその訳

② 文型、例文、会話の翻訳

③ その課の学習に役立つ参考語彙と日本事情に関する簡単な紹介

④ 文型及び表現などに関する文法説明

4）「本冊」の終わりに掲げられた助詞、フォームの使い方、副詞及び接続詞などのまとめの翻訳

5）数字、時の表現、期間の表し方、助数詞などについて、「本冊」では扱わない項目を加え、整理した。

3．カセットテープ／CD

カセットテープ／CDには各課の新出語彙、文型、例文、練習C、会話、問題の聞き取り部分が収録されている。語彙、文型、例文ではアクセント、イントネーションに注意して発音を学び、練習C、会話では自然な速さの日本語に慣れ、聞き取りの力を付けてほしい。

4．表記上の注意

1）表記は原則として、ヘボン式による。

撥音はすべて“n”で表記した。

2）長母音は以下のように表記した。

ā、ii、ū、ei (ē)、ō

例：okāsan、ōkii、tokei、onēsan

3）文は分かち書きとした。原則として助詞は離したが、助詞を取り込んで1語と認められる語は分かち書きをしない。

例：nanika、desukara

4）接頭語、接尾語、助数詞のほか、複合語などをハイフンでつないだ。

例：o-shigoto、Tanaka-san、25-sai、hana-ya、benkyō-shimasu

ただし、上記の内でも、造語性が弱いもの、また1語として数えたいものにはハイフンを用いない。

例：hitotsu、hitori、ocha、asagohan、oyasuminasai

5）文頭、および固有名詞とその複合語などの語頭に大文字を用いた。

6）外国人の名前は、通常かたかな表記されるときの音に従って表記した。

例：Mirā-san

7）外来語の一部は原音に近い表記をした。

例：pātii、fōku

5．その他

1）文中省略できる語句は［　　］でくくった。

例：Chichi wa 54[-sai] desu.

2）1つのものに違った表現がある場合はそれを（　　）でくくって示した。

例：dare (donata)

3）別の語句と置き換えができる部分は～で示した。

例：～ wa ikaga desu ka.

ただし、置き換え部分が数字の場合は - で示した。

例：-sai、-en、-jikan

学習者のみなさんへ
ー効果的な学習法ー

1．ことばをよく覚えます。

この教科書には各課ごとに新しいことばが提出されています。まず、テープ／CDを聞きながら、正しい発音とアクセントでことばをよく覚えます。出てきた新しいことばを使って、短い文を作る練習を必ずしてください。ことばだけではなく、文の中での使い方を覚えることが大切です。

2．文型の練習をします。

文型の正しい意味をとらえ、文の形がしっかり身につくまで「練習Ａ、Ｂ」で繰り返し練習してください。とくに「練習Ｂ」は実際に声を出して、練習することが大切です。

3．会話の練習をします。

文型練習の次は会話の練習です。「会話」は日本で生活する外国人が日常生活で遭遇するさまざまな場面を取り上げてあります。こうした会話に慣れるために、まず「練習Ｃ」でよく練習します。練習の際には、練習Ｃのパターンだけで終わらずに、もっと会話を続け、膨らませるようにしてください。さらに、「会話」の練習で場面や状況にふさわしいやり取りのこつを覚えてください。

4．テープ／CDを何度も聞きます。

練習Ｃ及び会話を練習するときは、正しい発音や抑揚などを身につけるために、テープ／CDを聞きながら、実際に声を出して練習します。また、日本語の音やスピードに慣れ、内容を聞き取る力を養うためにも、テープ／CDを何度も聞きます。

5．必ず復習・予習をします。

授業で習ったことを忘れないために、必ずその日のうちに復習をします。そして最後にその日の学習の総仕上げとして「問題」を完成してください。

また、時間に余裕があれば、次に学習する課の語彙と文法を見ておきます。基本的な準備をしておけば、次の学習が効率的に行えます。

6．実際に話してみます。

教室の中だけが学習の場ではありません。学んだ日本語を使って、日本人に話しかけてみてください。習ったことを、すぐ使ってみる。それが上達への近道です。

以上のやり方で、この教科書の基本を終えると、日常生活に必要な基本語彙と基本的な表現が身につきます。

Mokuji

—Kaiwa no tōjō jinbutsu—

Maiku Mirā

Amerika, IMC no shain

Satō Keiko

Nihon, IMC no shain

Hose Santosu

Burajiru, Burajiru-eā no shain

Maria Santosu

Burajiru, shufu

Karina

Indoneshia, Fuji-daigaku no gakusei

Wan Shue

Chūgoku, Kōbe-byōin no isha

Yamada Ichirō

Nihon, IMC no shain

Yamada Tomoko

Nihon, ginkōin

Matsumoto Tadashi

Nihon, IMC no buchō

Matsumoto Yoshiko

Nihon, shufu

Kimura Izumi

Nihon, anaunsā

——Sonota no tōjō jinbutsu——

Watto

Igirisu, Sakura-daigaku no sensei

Shumitto

Doitsu, Pawā-denki no enjinia

Ii

Kankoku, AKC no kenkyūsha

Teresa

Burajiru, shōgakusei, 9-sai

Hose Santosu to Maria no musume

Tarō

Nihon, shōgakusei, 8-sai

Yamada Ichirō to Tomoko no musuko

Guputa

Indo, IMC no shain

Tawapon

Tai, Nihon-go-gakkō no gakusei

※ IMC (Konpyūtā no sofutowea no kaisha)

※ AKC (Ajia-kenkyū-sentā)

I. Nihon-go no hatsuon

1. Kana to Haku

a　rōmaji

あ　hiragana

ア　katakana

a	あ	ア	i	い	イ	u	う	ウ	e	え	エ	o	お	オ
ka	か	カ	ki	き	キ	ku	く	ク	ke	け	ケ	ko	こ	コ
sa	さ	サ	shi	し	シ	su	す	ス	se	せ	セ	so	そ	ソ
ta	た	タ	chi	ち	チ	tsu	つ	ツ	te	て	テ	to	と	ト
na	な	ナ	ni	に	ニ	nu	ぬ	ヌ	ne	ね	ネ	no	の	ノ
ha	は	ハ	hi	ひ	ヒ	fu	ふ	フ	he	へ	ヘ	ho	ほ	ホ
ma	ま	マ	mi	み	ミ	mu	む	ム	me	め	メ	mo	も	モ
ya	や	ヤ	(i)	(い)	(イ)	yu	ゆ	ユ	(e)	(え)	(エ)	yo	よ	ヨ
ra	ら	ラ	ri	り	リ	ru	る	ル	re	れ	レ	ro	ろ	ロ
wa	わ	ワ	(i)	(い)	(イ)	(u)	(う)	(ウ)	(e)	(え)	(エ)	(o)	(を)	(ヲ)
n	ん	ン												

ga	が	ガ	gi	ぎ	ギ	gu	ぐ	グ	ge	げ	ゲ	go	ご	ゴ
za	ざ	ザ	ji	じ	ジ	zu	ず	ズ	ze	ぜ	ゼ	zo	ぞ	ゾ
da	だ	ダ	ji	ぢ	ヂ	zu	づ	ヅ	de	で	デ	do	ど	ド
ba	ば	バ	bi	び	ビ	bu	ぶ	ブ	be	べ	ベ	bo	ぼ	ボ
pa	ぱ	パ	pi	ぴ	ピ	pu	ぷ	プ	pe	ぺ	ペ	po	ぽ	ポ

kya	きゃ	キャ	kyu	きゅ	キュ	kyo	きょ	キョ
sha	しゃ	シャ	shu	しゅ	シュ	sho	しょ	ショ
cha	ちゃ	チャ	chu	ちゅ	チュ	cho	ちょ	チョ
nya	にゃ	ニャ	nyu	にゅ	ニュ	nyo	にょ	ニョ
hya	ひゃ	ヒャ	hyu	ひゅ	ヒュ	hyo	ひょ	ヒョ
mya	みゃ	ミャ	myu	みゅ	ミュ	myo	みょ	ミョ
rya	りゃ	リャ	ryu	りゅ	リュ	ryo	りょ	リョ

gya	ぎゃ	ギャ	gyu	ぎゅ	ギュ	gyo	ぎょ	ギョ
ja	じゃ	ジャ	ju	じゅ	ジュ	jo	じょ	ジョ
bya	びゃ	ビャ	byu	びゅ	ビュ	byo	びょ	ビョ
pya	ぴゃ	ピャ	pyu	ぴゅ	ピュ	pyo	ぴょ	ピョ

2. Chōon

obasan : obāsan ojisan : ojiisan yuki : yūki

e : ē toru : tōru

koko : kōkō heya : heiya

kādo takushii sūpā tēpu nōto

3. Hatsuon

enpitsu minna tenki kin'en

4. Sokuon

buka : bukka kasai : kassai oto : otto

nikki zasshi kitte ippai koppu beddo

5. Yōon

hiyaku : hyaku jiyū : jū biyōin : byōin

shatsu ocha gyūnyū kyō buchō ryokō

6. Akusento

niwa namae Nihon-go 【 】

hon tenki raigetsu 【 】

tamago hikōki [hikooki] sensei 【 】

kutsu yasumi otōto 【 】

hashi : hashi ichi : ichi

Tōkyō akusento : Ōsaka akusento

hana : hana

ringo : ringo

ongaku : ongaku

7. Intonēshon

Satō : Ashita tomodachi to o-hanami o shimasu. 【→】

Mirā-san mo issho ni ikimasen ka. 【↗】

Mirā : Ā, ii desu ne. 【↘】

II. Kyōshitsu no shiji no kotoba

1. Hajimemashō.
2. Owarimashō.
3. Yasumimashō.
4. Wakarimasu ka. (…Hai, wakarimasu./Iie, wakarimasen.)
5. Mō ichido.
6. Kekkō desu.
7. Dame desu.
8. namae
9. shiken, shukudai
10. shitsumon, kotae, rei

III. Mainichi no aisatsu to Kaiwa-hyōgen

1. Ohayō gozaimasu.
2. Konnichiwa.
3. Konbanwa.
4. Oyasuminasai.
5. Sayōnara.
6. Arigatō gozaimasu.
7. Sumimasen.
8. Onegai-shimasu.

IV. Sūji

0 …zero, rei

1 …ichi	6 …roku
2 …ni	7 …nana, shichi
3 …san	8 …hachi
4 …yon, shi	9 …kyū, ku
5 …go	10 …jū

Dai 1 ka

Bunkei

1. Watashi wa Maiku Mirā desu.
2. Santosu-san wa gakusei ja arimasen.
   (dewa)
3. Mirā-san wa kaishain desu ka.
4. Santosu-san mo kaishain desu.

Reibun

1. [Anata wa] Maiku Mirā-san desu ka.
   ···Hai, [watashi wa] Maiku Mirā desu.

2. Mirā-san wa gakusei desu ka.
   ···Iie, [watashi wa] gakusei ja arimasen.
   Kaishain desu.

3. Wan-san wa enjinia desu ka.
   ···Iie, Wan-san wa enjinia ja arimasen.
   Isha desu.

4. Ano kata wa donata desu ka.
   ···Watto-san desu. Sakura-daigaku no sensei desu.

5. Teresa-chan wa nan-sai desu ka.
   ···9-sai desu.

Kaiwa

Hajimemashite

Satō	:	Ohayō gozaimasu.
Yamada	:	Ohayō gozaimasu. Satō-san, kochira wa Maiku Mirā-san desu.
Mirā	:	Hajimemashite. Maiku Mirā desu. Amerika kara kimashita. Dōzo yoroshiku.
Satō	:	Satō Keiko desu. Dōzo yoroshiku.

Renshū A

1\.

Watashi wa	Maiku Mirā	desu.
	kaishain	

2\.

Watashi wa	Kāru Shumitto	ja arimasen.
	enjinia	

3\.

Ano hito (kata) wa	Kimura-san	desu ka.
	Maria-san	
	dare (donata)	

4\. Santosu-san wa Burajiru-jin desu.

Maria-san	mo Burajiru-jin desu.
Ano hito	

5\.

Mirā-san	wa	IMC	no	shain	desu.
Karina-san		Fuji-daigaku		gakusei	

6\.

Teresa-chan	wa	9-sai	desu.
Tarō-kun		8-sai	
		nan-sai (o-ikutsu)	……ka.

Renshū B

rei	1)	2)	3)	4)
Mirā	Yamada	Watto	Tawapon	Shumitto

kaishain	ginkōin	sensei	gakusei	enjinia

1. Rei : → Mirā-san wa Amerika-jin desu.
   1) → 2) → 3) → 4) →

2. Rei : → Mirā-san wa kaishain desu.
   1) → 2) → 3) → 4) →

3. Rei : Mirā-san · ginkōin → Mirā-san wa ginkōin ja arimasen.
   1) Yamada-san · enjinia →
   2) Watto-san · Doitsu-jin →
   3) Tawapon-san · sensei →
   4) Shumitto-san · Amerika-jin →

4. Rei : Mirā-san · Amerika-jin → Mirā-san wa Amerika-jin desu ka.
   ……Hai, Amerika-jin desu.
   Rei : Mirā-san · isha → Mirā-san wa isha desu ka.
   ……Iie, isha ja arimasen.
   1) Yamada-san · ginkōin →
   2) Watto-san · Furansu-jin →
   3) Tawapon-san · kaishain →
   4) Shumitto-san · enjinia →

1

rei	1)	2)	3)	4)
Guputa(42)	Ii(35)	Wan(29)	Karina(24)	Santosu(39)
		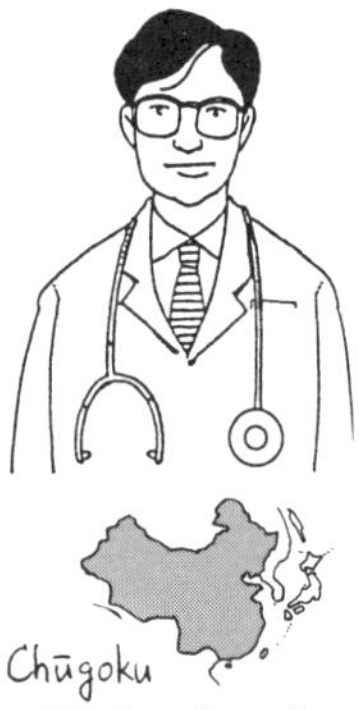		
IMC shain	AKC kenkyūsha	Kōbe-byōin isha	Fuji-daigaku gakusei	Burajiru-eā shain

5. Rei : Mirā-san wa kaishain desu. Guputa-san mo kaishain desu ka.
→ Hai, Guputa-san mo kaishain desu.
Rei : Mirā-san wa Amerika-jin desu. Guputa-san mo Amerika-jin desu ka.
→ Iie, Guputa-san wa Amerika-jin ja arimasen.

1) Yamada-san wa ginkōin desu. Ii-san mo ginkōin desu ka. →
2) Watto-san wa sensei desu. Wan-san mo sensei desu ka. →
3) Tawapon-san wa gakusei desu. Karina-san mo gakusei desu ka. →
4) Shumitto-san wa Doitsu-jin desu. Santosu-san mo Doitsu-jin desu ka. →

6. Rei : → Ano kata wa donata desu ka.
……Guputa-san desu. IMC no shain desu.
1) → 2) → 3) → 4) →

7. Rei : → Guputa-san wa 42-sai desu.
1) → 2) → 3) → 4) →

Renshū C

1. A : Shitsurei desu ga, o-namae wa?
   B : ① Ii desu.
   A : ② Rii-san desu ka.
   B : Iie, ① Ii desu.

   1) ① Santosu
      ② Santasu
   2) ① Watto
      ② Atto
   3) ① Tawapon
      ② Tanapon

2. A : Hajimemashite. ① Maiku Mirā desu.
   ② Amerika kara kimashita. Dōzo yoroshiku.
   B : Satō desu. Dōzo yoroshiku.

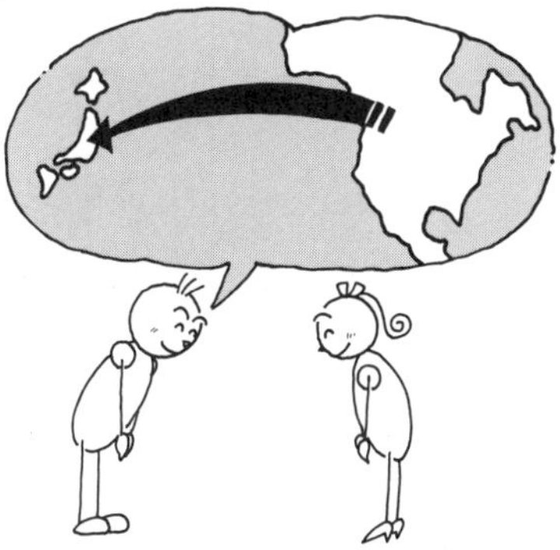

   1) ① Hose Santosu
      ② Burajiru
   2) ① Karina
      ② Indoneshia
   3) ① Wan
      ② Chūgoku

3. A : Minasan, kochira wa ① Maiku Mirā-san desu.
   B : Ohayō gozaimasu. ① Maiku Mirā desu.
   ② IMC no shain desu. Dōzo yoroshiku onegai-shimasu.

   1) ① Hose Santosu
      ② Burajiru-eā no shain
   2) ① Jon Watto
      ② Sakura-daigaku no kyōshi
   3) ① Kāru Shumitto
      ② Pawā-denki no enjinia

1

Mondai

1. Rei : Iie, [watashi wa] sensei ja arimasen.

1) ______________________

2) ______________________

3) ______________________

4) ______________________

5) ______________________

2. Rei :

①

②

③

1)

①

②

③

2)

①

②

③

3. Rei 1 : (×) Rei 2 : (○)

) 2) ( ) 3) ( )

4. Rei : Anata wa (gakusei) desu ka.
……Hai, gakusei desu.
1) Anata wa ( ) desu ka.
……Hai, watashi wa Mirā desu.
2) Mirā-san wa ( ) desu ka.
……Hai, Amerika-jin desu.
3) Watto-san mo ( ) desu ka.
……Iie, Amerika-jin ja arimasen. Igirisu-jin desu.
4) Ano kata wa ( ) desu ka.
……Santosu-san desu.
5) Teresa-chan wa ( ) desu ka.
……9-sai desu.

5. Rei : Watashi (wa) Mirā desu.
1) Wan-san ( ) isha desu.
2) Karina-san ( ) sensei desu ( ).
……Iie, sensei ja arimasen.
3) Mirā-san wa IMC ( ) shain desu.
4) Mirā-san wa kaishain desu.
Santosu-san ( ) kaishain desu.

6. Hajimemashite.
Watashi wa ______________________ desu.
______________________ kara kimashita.
Dōzo yoroshiku.

Dai 2 ka

Bunkei

1. Kore wa jisho desu.
2. Kore wa konpyūtā no hon desu.
3. Sore wa watashi no kasa desu.
4. Kono kasa wa watashi no desu.

Reibun

1. Kore wa terehon-kādo desu ka.
   …Hai, sō desu.
2. Sore wa nōto desu ka.
   …Iie, sō ja arimasen. Techō desu.

3. Sore wa nan desu ka.
   …[Kore wa] meishi desu.
4. Kore wa "9" desu ka, "7" desu ka.
   …"9" desu.
5. Sore wa nan no zasshi desu ka.
   …Jidōsha no zasshi desu.
6. Are wa dare no kaban desu ka.
   …Satō-san no kaban desu.
7. Kono kasa wa anata no desu ka.
   …Iie, watashi no ja arimasen.
8. Kono kagi wa dare no desu ka.
   …Watashi no desu.

Kaiwa

Honno kimochi desu

Yamada Ichirō	:	Hai. Donata desu ka.
Santosu	:	408 no Santosu desu.
		--
Santosu	:	Konnichiwa. Santosu desu.
		Korekara osewa ni narimasu.
		Dōzo yoroshiku onegai-shimasu.
Yamada	:	Kochira koso yoroshiku.
Santosu	:	Anō, kore, honno kimochi desu.
Yamada	:	A, dōmo ……. Nan desu ka.
Santosu	:	Kōhii desu. Dōzo.
Yamada	:	Dōmo arigatō gozaimasu.

Renshū A

2

1. Kore wa

Kore wa	jisho	desu.
	shinbun	
	meishi	
	nan	……ka.

2. Sore wa

Sore wa	bōrupen	desu ka,	shāpu-penshiru	desu ka.
	"1"		"7"	
	"あ (a)"		"お (o)"	

3. Kore wa

Kore wa	jidōsha	no hon desu.
	konpyūtā	
	Nihon-go	
	nan	……………ka.

4. Are wa

Are wa	watashi	no tsukue desu.
	Satō-san	
	sensei	
	dare	……………ka.

5. Are wa

Are wa	watashi	no desu.
	Satō-san	
	sensei	
	dare	……………ka.

6. Kono

Kono	techō	wa watashi no desu.
	kagi	
	kaban	

Renshū B

1. Rei 1 : → Kore wa zasshi desu.

   Rei 2 : → Sore wa nōto desu.

   Rei 3 : → Are wa jisho desu.

   1) →　　2) →　　3) →

2. Rei : hon → Kore wa hon desu ka.

   ……Hai, sō desu. Hon desu.

   Rei : techō → Kore wa techō desu ka.

   ……Iie, sō ja arimasen. Hon desu.

   1) tokei →　　2) rajio →

   3) bōrupen →　　4) isu →

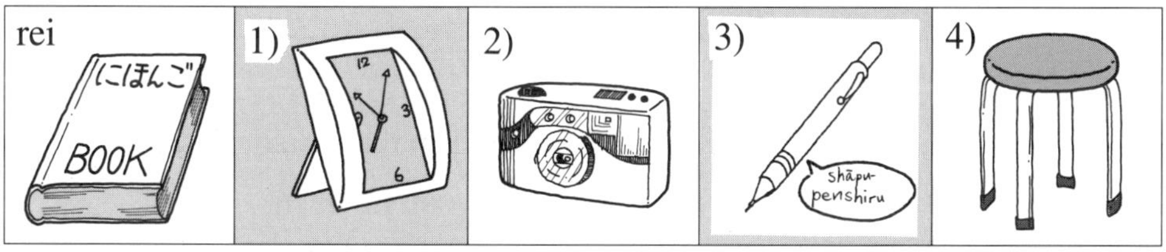

3. Rei : → Are wa nan desu ka.

   ……Hon desu.

   1) →　　2) →　　3) →　　4) →

4. Rei : shāpu-penshiru・bōrupen (bōrupen)

   → Kore wa shāpu-penshiru desu ka, bōrupen desu ka.

   ……Bōrupen desu.

   1) hon・zasshi (hon) →　　2) "い (i)"・"り (ri)" ("り (ri)") →

   3) "1"・"7" ("7") →　　4) "シ (shi)"・"ツ (tsu)" ("シ (shi)") →

5. Rei : zasshi → Sore wa nan no zasshi desu ka.
……Konpyūtā no zasshi desu.

1) hon → 2) tēpu →

3) zasshi → 4) hon →

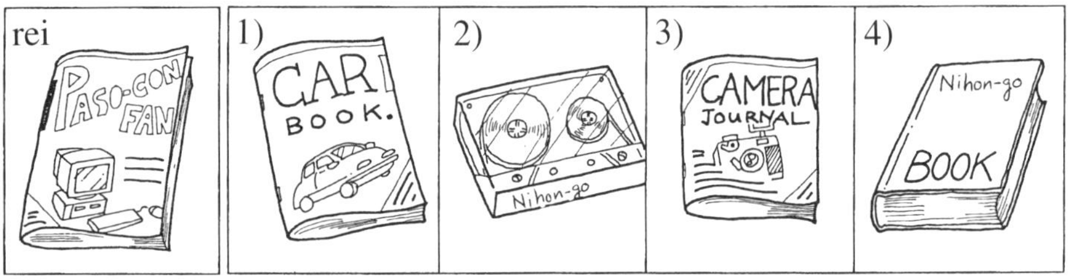

6. Rei : → Kore wa dare no nōto desu ka.
……Karina-san no nōto desu.

1) → 2) → 3) → 4) →

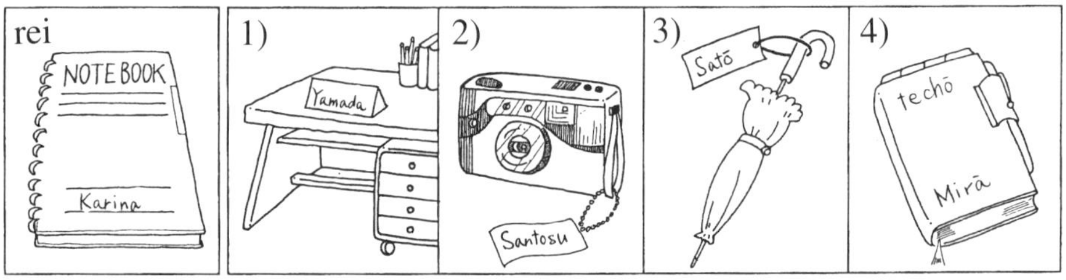

7. Rei : Karina-san → Kono nōto wa Karina-san no desu ka.
……Hai, Karina-san no desu.

Rei : Mirā-san → Kono nōto wa Mirā-san no desu ka.
……Iie, Mirā-san no ja arimasen.

1) Wan-san → 2) Santosu-san →

3) Satō-san → 4) Watto-san →

8. Rei : → Kono nōto wa dare no desu ka.
……Karina-san no desu.

1) → 2) → 3) → 4) →

Renshū C

1. A : Sore wa nan desu ka.
   B : ①Tēpu desu.
   A : Nan no ①tēpu desu ka.
   B : ②Eigo no tēpu desu.
   A : Sō desu ka.

1)	①	kādo
	②	terehon-kādo
2)	①	zasshi
	②	jidōsha no zasshi
3)	①	hon
	②	konpyūtā no hon

2. A : Kono kasa wa anata no desu ka.
   B : Iie, chigaimasu.
   Shumitto-san no desu.
   A : Sō desu ka.

   1) kagi
   2) kaban
   3) enpitsu

3. A : Anō, kore, honno kimochi desu.
   B : Dōmo……. Nan desu ka.
   A : Kōhii desu. Dōzo.
   B : Dōmo arigatō gozaimasu.

   1) chokorēto
   2) bōrupen
   3) terehon-kādo

Mondai

1.

1) ____________________

2) ____________________

3) ____________________

4) ____________________

5) ____________________

2. 1) ① ② ③

2) ① ② ③

3. 1) (　　) 2) (　　) 3) (　　)

4. Rei : Sore wa (dare, nan, hon) desu ka. ……Hon desu.

1) Mirā-san wa (donata, nan-sai, nan) desu ka. ……28-sai desu.

2) Wan-san wa (dare, sensei, nan) desu ka. ……Iie, chigaimasu.

3) Sore wa (Ii-san, dare, nan) no zasshi desu ka.
……Kamera no zasshi desu.

4) Kore wa (watashi, anata, ano hito) no desu ka.
……Hai, watashi no desu.

5.

Rei : (Kore) wa kagi desu.

1) (　) wa rajio desu.

2) (　) wa konpyūtā desu.

3) (　) wa jisho desu.

6. Rei : Ano hito wa (dare) desu ka. ……Mirā-san desu.

1) Kore wa (　) desu ka. ……Hai, shinbun desu.

2) Sore wa (　) desu ka. ……Terehon-kādo desu.

3) Sore wa (　) no tēpu desu ka. ……Kankoku-go no tēpu desu.

4) Kore wa (　) no enpitsu desu ka. ……Kimura-san no enpitsu desu.

7. Rei : wa/hon/desu/kore → Kore wa hon desu.

1) desu/sore/wa/no/watashi/kagi →

2) no/desu/Mirā-san/jisho/wa/kono →

3) dare/sono/no/ka/kasa/desu/wa →

4) are/desu/sensei/tsukue/no/wa →

8. Rei : Yamada : Hai. Donata desu ka.

Santosu : 408 no Santosu desu.

1) Santosu : Korekara __________.

Dōzo yoroshiku.

Yamada : Kochirakoso yoroshiku.

2) Santosu : Anō, kore, ________________. _________.

Yamada : Dōmo ……. Nan desu ka.

Santosu : Kōhii desu.

Yamada : ______________________.

Dai 3 ka

Bunkei

1. Koko wa shokudō desu.
2. Denwa wa asoko desu.

Reibun

1. Koko wa Shin-Ōsaka desu ka.
   …Hai, sō desu.

2. Otearai wa doko desu ka.
   …Asoko desu.

3. Yamada-san wa doko desu ka.
   …Jimusho desu.

4. Erebētā wa dochira desu ka.
   …Sochira desu.

5. [O-]kuni wa dochira desu ka.
   …Amerika desu.

6. Sore wa doko no kutsu desu ka.
   …Itaria no kutsu desu.

7. Kono tokei wa ikura desu ka.
   …18,600-en desu.

Kaiwa

Kore o kudasai

Maria : Sumimasen. Wain-uriba wa doko desu ka.
Ten'in A : Chika 1-kai de gozaimasu.
Maria : Dōmo.

Maria : Sumimasen. Sono wain o misete kudasai.
Ten'in B : Hai, dōzo.
Maria : Kore wa Furansu no wain desu ka.
Ten'in B : Iie, Itaria no desu.
Maria : Ikura desu ka.
Ten'in B : 2,500-en desu.
Maria : Ja, kore o kudasai.

Renshū A

1.	Koko wa	kyōshitsu	desu.
		daigaku	
		Hiroshima	

2.	Uketsuke wa	koko	desu.
		soko	
		asoko	
		doko	……ka.

3.	Satō-san wa	asoko	desu.
		jimusho	
		robii	
		doko	……ka.

4.	Erebētā wa	kochira	desu.
		sochira	
		achira	
		dochira	……ka.

5.	Kore wa	Nihon	no jidōsha desu.
		Amerika	
		Doitsu	
		doko	………………….ka.

6.	Kono nekutai wa	1,500-en	desu.
		5,800-en	
		13,000-en	
		ikura	………ka.

Renshū B

1. Rei : → Koko wa shokudō desu.

☞ 1) →

2) →

3) →

4) →

2. Rei : → Robii wa doko desu ka.

……Asoko desu.

1) kaigishitsu → 2) denwa → 3) Yamada-san →

3. Rei : denwa (2-kai) → Denwa wa doko desu ka.

……2-kai desu.

1) toire (1-kai) → 2) konpyūtā (jimusho) →

3) Teresa-chan (kyōshitsu) → 4) wain-uriba (chika) →

4. Rei : kaidan (achira) → Kaidan wa dochira desu ka.

……Achira desu.

1) esukarētā (sochira) → 2) denwa (kochira) →

3) Karina-san no heya (3-gai) → 4) uchi (Ōsaka) →

5. Rei : → Mirā-san no o-kuni wa dochira desu ka.

……Amerika desu.

1) → 2) → 3) → 4) →

rei : Mirā	1) Santosu	2) Watto	3) Shumitto	4) Karina

Amerika	Burajiru	Igirisu	Doitsu	Indoneshia
IMC	Burajiru-eā	Sakura-daigaku	Pawā-denki	Fuji-daigaku

6. Rei : kaisha → Mirā-san no kaisha wa dochira desu ka.

……IMC desu.

1) kaisha → 2) daigaku →

3) kaisha → 4) daigaku →

7. Rei : → Kore wa doko no nekutai desu ka.

……Itaria no nekutai desu.

1) → 2) → 3) → 4) →

rei	1)	2)	3)	4)

Itaria	Kankoku	Nihon	Amerika	Doitsu
¥8,400	¥7,300	¥25,800	¥243,000	¥4,500,000

8. Rei : → Kono nekutai wa ikura desu ka.

……8,400-en desu.

1) → 2) → 3) → 4) →

Renshū C

1. A : Sumimasen. Toire wa doko desu ka.
   B : Asoko desu.
   A : Dōmo.

   1) denwa
   2) erebētā
   3) nekutai-uriba

2. A : Kaisha wa dochira desu ka.
   B : ① Pawā-denki desu.
   A : Nan no kaisha desu ka.
   B : ② Konpyūtā no kaisha desu.

   1) ① MT
      ② tabako
   2) ① Yōnen
      ② chokorēto
   3) ① Akikkusu
      ② kutsu

3. A : Kore wa doko no ① kamera desu ka.
   B : ② Nihon no desu.
   A : Ikura desu ka.
   B : ③ 23,600-en desu.

   1) ① nekutai
      ② Itaria
      ③ 7,300-en
   2) ① tokei
      ② Suisu
      ③ 18,800-en
   3) ① konpyūtā
      ② Amerika
      ③ 178,000-en

3

Mondai

1. 1) ______________________________

   2) ______________________________

   3) ______________________________

   4) ______________________________

   5) ______________________________

3

2. 1) (　　) 2) (　　) 3) (　　) 4) (　　) 5) (　　)

3.

Rei : (Koko) wa (uketsuke) desu.

1) (　　) wa (　　　　) desu.

2) (　　) wa (　　　　) desu.

3) (　　) wa (　　　　) desu.

4) (　　) wa (　　　　) desu.

5) (　　) wa (　　　　) desu.

4. Rei : (Watashi, (Watashi wa), Watashi no) Mirā desu.

1) (Kore, Kono, Koko) wa Doitsu no jidōsha desu.

2) (Sore, Sono, Soko) kaban wa (watashi, watashi wa, watashi no) desu.

3) Jimusho wa (are, ano, asoko) desu.

4) Sumimasen. Denwa wa (dare, nan, doko) desu ka.

5. Rei : Sore wa (nan) desu ka.
……Jisho desu.

1) Sumimasen. Otearai wa ( ) desu ka.
……Achira desu.

2) Mirā-san wa ( ) desu ka.
……Kaigishitsu desu.

3) Kamera-uriba wa ( ) desu ka.
……5-kai desu.

4) O-kuni wa ( ) desu ka.
……Amerika desu.

5) Kaisha wa ( ) desu ka.
……MT desu.

6) MT wa ( ) no kaisha desu ka.
……Tabako no kaisha desu.

7) Kore wa ( ) no wain desu ka.
……Itaria no wain desu.

8) Kono wain wa ( ) desu ka.
……2,800-en desu.

Dai 4 ka

Bunkei

1. Ima 4-ji 5-fun desu.
2. Watashi wa 9-ji kara 5-ji made hatarakimasu.
3. Watashi wa asa 6-ji ni okimasu.
4. Watashi wa kinō benkyō-shimashita.

Reibun

1. Ima nan-ji desu ka.
   …2-ji 10-pun desu.
   Nyūyōku wa ima nan-ji desu ka.
   …Gozen 0-ji 10-pun desu.

2. Ginkō wa nan-ji kara nan-ji made desu ka.
   …9-ji kara 3-ji made desu.
   Yasumi wa nan-yōbi desu ka.
   …Do-yōbi to nichi-yōbi desu.

3. Maiban nan-ji ni nemasu ka.
   …11-ji ni nemasu.

4. Do-yōbi hatarakimasu ka.
   …Iie, hatarakimasen.

5. Kinō benkyō-shimashita ka.
   …Iie, benkyō-shimasendeshita.

6. IMC no denwa-bangō wa nan-ban desu ka.
   …341 no 2597 desu.

Kaiwa

Sochira wa nan-ji kara nan-ji made desu ka

Bangō-annai : Hai, 104 no Ishida desu.

Karina : Yamato-bijutsukan no denwa-bangō o onegai-shimasu.

Bangō-annai : Yamato-bijutsukan desu ne. Kashikomarimashita.

Tēpu : O-toiawase no bangō wa 0797 no 38 no 5432 desu.

Bijutsukan no hito : Hai, Yamato-bijutsukan desu.

Karina : Sumimasen. Sochira wa nan-ji kara nan-ji made desu ka.

Bijutsukan no hito : 9-ji kara 4-ji made desu.

Karina : Yasumi wa nan-yōbi desu ka.

Bijutsukan no hito : Getsu-yōbi desu.

Karina : Dōmo arigatō gozaimashita.

4

Renshū A

1.

Ima	4-ji 5-fun 9-ji han	desu.
	nan-ji	······ka.

2.

Hiruyasumi wa	12-ji 12-ji han	kara	1-ji 1-ji 15-fun	made desu.
	nan-ji		nan-ji	···············ka.

3.

Yasumi wa	sui-yōbi do-yōbi to nichi-yōbi	desu.
	nan-yōbi	······ka.

4.

Watashi wa	9-ji asa getsu-yōbi	kara	5-ji ban kin-yōbi	made hatarakimasu.

5.

Watashi wa maiasa	6-ji 7-ji han	ni okimasu.
Anata wa ·········	nan-ji	···············ka.

6.

Watashi wa	mainichi ashita	benkyō-shimasu.
	kinō ototoi	benkyō-shimashita.

7.

ne	masu	ne	masen	ne	mashita	ne	masendeshita
yasumi	masu	yasumi	masen	yasumi	mashita	yasumi	masendeshita
hataraki	masu	hataraki	masen	hataraki	mashita	hataraki	masendeshita

Renshū B

1. Rei : → 3-ji desu.

   1) →　　2) →　　3) →　　4) →

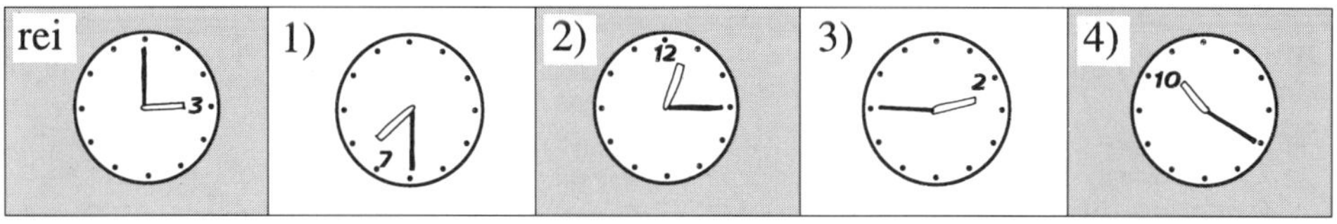

2. Rei : Tōkyō → Tōkyō wa ima nan-ji desu ka.

   ⋯⋯Gogo 6-ji desu.

   1) Pekin →　　2) Bankoku →

   3) Rondon →　　4) Rosanzerusu →

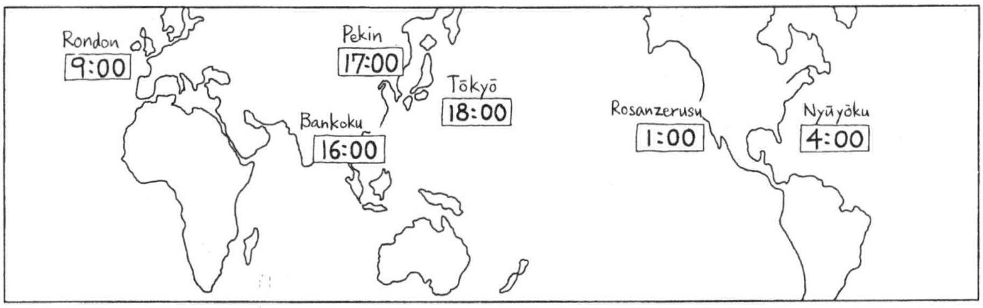

3. Rei : ginkō (9:00 ～ 3:00) → Ginkō wa nan-ji kara nan-ji made desu ka.

   ⋯⋯9-ji kara 3-ji made desu.

   1) yūbinkyoku (9:00 ～ 5:00) →　　2) depāto (10:30 ～ 7:30) →

   3) toshokan (9:00 ～ 6:30) →　　4) kaisha (9:15 ～ 5:45) →

4. Rei : maiban・benkyō-shimasu (7:30 ～ 9:30)

   → Maiban nan-ji kara nan-ji made benkyō-shimasu ka.

   ⋯⋯7-ji han kara 9-ji han made benkyō-shimasu.

   1) mainichi・hatarakimasu (9:30 ～ 5:30) →

   2) hiru・yasumimasu (12:00 ～ 1:00) →

   3) do-yōbi・hatarakimasu (9:00 ～ 2:00) →

   4) maiasa・benkyō-shimasu (7:00 ～ 8:00) →

5. Rei : maiasa → Maiasa nan-ji ni okimasu ka.

……7-ji ni okimasu.

1) maiban → 2) ashita →

3) konban → 4) nichi-yōbi →

6. Rei : ashita → Ashita hatarakimasu.

1) mainichi → 2) kinō no ban →

3) asatte → 4) ototoi →

7. Rei 1 : → Kyō benkyō-shimasu ka. (hai) → Hai, benkyō-shimasu.

Rei 2 : → Kinō benkyō-shimashita ka. (iie)

→ Iie, benkyō-shimasendeshita.

1) Asatte hatarakimasu ka. (iie) →

2) Maiban benkyō-shimasu ka. (hai) →

3) Kinō no ban benkyō-shimashita ka. (hai) →

4) Kinō hatarakimashita ka. (iie) →

8. Rei 1 : maiasa・okimasu (6:00) → Maiasa nan-ji ni okimasu ka.

……6-ji ni okimasu.

Rei 2 : kinō・hatarakimasu (9:00 ~ 5:00)

→ Kinō nan-ji kara nan-ji made hatarakimashita ka.

……9-ji kara 5-ji made hatarakimashita.

1) maiban・nemasu (11:00) →

2) kesa・okimasu (7:30) →

3) mainichi・hatarakimasu (10:00 ~ 6:00) →

4) kinō no ban・benkyō-shimasu (7:00 ~ 8:30) →

Renshū C

1. A : Hai, ① Yamato-bijutsukan desu.
   B : Sumimasen. Sochira wa nan-ji kara nan-ji made desu ka.
   A : ② 10-ji kara 4-ji made desu.
   B : Yasumi wa nan-yōbi desu ka.
   A : ③ Getsu-yōbi desu.

1) ① Ōsaka-depāto
   ② 10-ji han・7-ji han　　③ ka-yōbi
2) ① Midori-toshokan
   ② 9-ji・6-ji　　③ moku-yōbi
3) ① Appuru-ginkō
   ② 9-ji・3-ji　　③ do-yōbi to nichi-yōbi

2. A : Daigaku wa nan-ji kara desu ka.
   B : ① 9-ji kara desu.
   A : Nan-ji ni owarimasu ka.
   B : ② 5-ji ni owarimasu.
   A : Mainichi desu ka.
   B : Hai.
   A : Taihen desu ne.

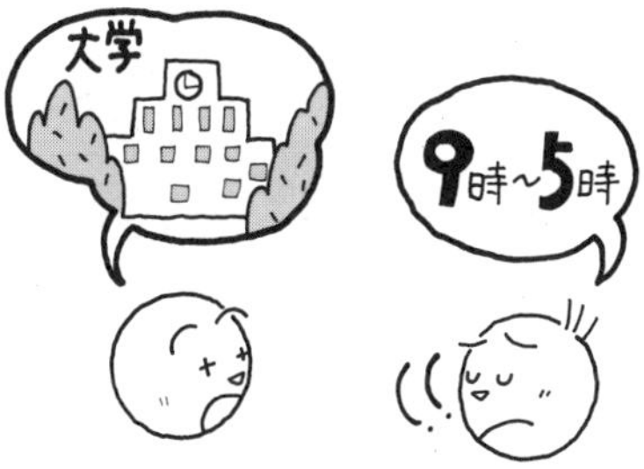

1) ① 10-ji　　② 6-ji han
2) ① 8-ji han　　② 4-ji
3) ① 9-ji han　　② 8-ji

3. A : Sumimasen. ① Sakura-daigaku no denwa-bangō wa nan-ban desu ka.
   B : Ēto, ② 872 no 6813 desu.
   A : ② 872 no 6813 desu ne. Dōmo.

1) ① Ōsaka-depāto
   ② 433-1887
2) ① IMC
   ② 287-4949
3) ① Midori-toshokan
   ② 06-673-1901

Mondai

1. 1) ______________________

   2) ______________________

   3) ______________________

   4) ______________________

   5) ______________________

2. 1) ①
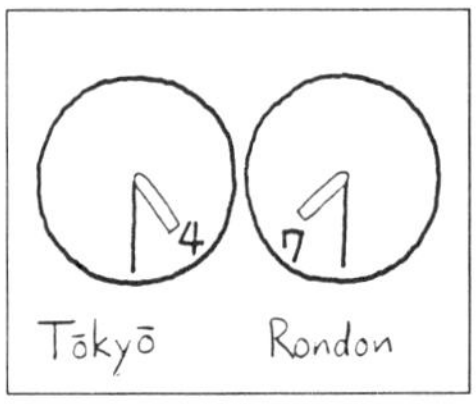

②
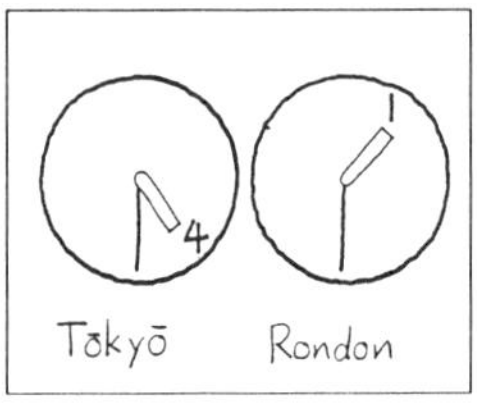

③
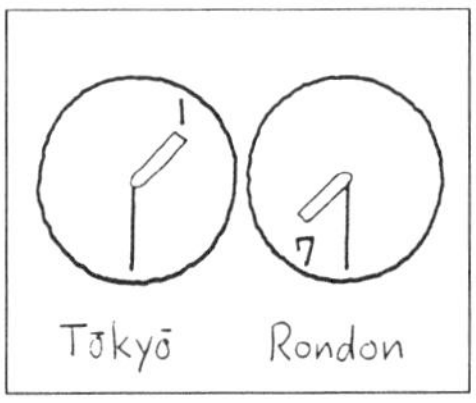

   2) ①
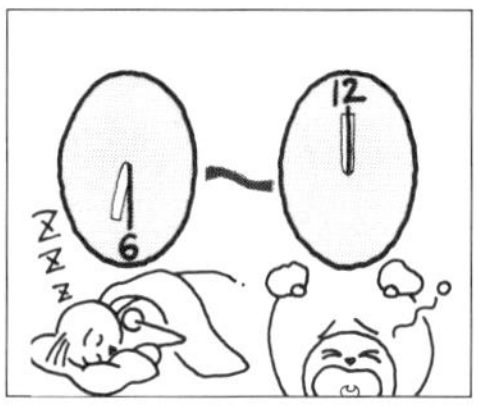

②
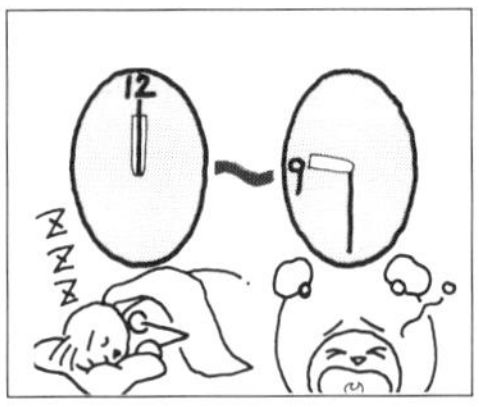

③
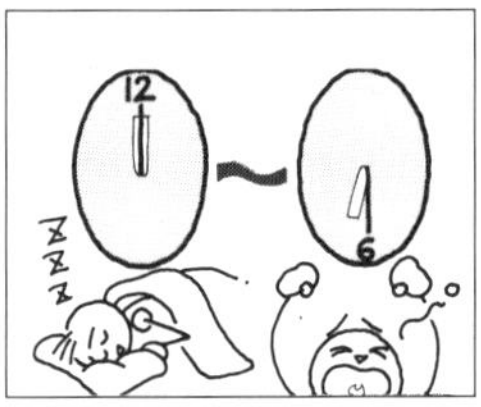

3. 1) (　　) 2) (　　) 3) (　　)

4. Rei : (6:30　　9:30 [circled]　　)
   1) (8:30　　7:30　　)
   2) (gozen 8:20　　gogo 8:20　　)
   3) (9:30 ～ 6:30　　9:00 ～ 6:00　　)
   4) (12:15 ～ 1:15　　12:50 ～ 1:50　　)
   5) (349-7895　　349-7865　　)
   6) (075-831-6697　　075-138-6697　　)
   7) (3,850　　3,650　　)
   8) (208,000　　128,000　　)

5. Rei 1 : Kore wa Suisu (no) tokei desu.

Rei 2 : Denwa wa doko (×) desu ka.

1) Maiasa ( ) 6-ji ( ) okimasu.
2) Bijutsukan wa nan-ji ( ) nan-ji ( ) desu ka.
3) Ima nan-ji ( ) desu ka.
4) Moku-yōbi ( ) gogo byōin wa yasumi desu.
5) Daigaku wa nan-ji ( ) owarimasu ka.
6) Ginkō no yasumi wa do-yōbi ( ) nichi-yōbi desu.

6. Rei : Ano hito wa (dare) desu ka.
……Mirā-san desu.

1) Ima ( ) desu ka.
……5-ji desu.
2) Satō-san no uchi no denwa-bangō wa ( ) desu ka.
……333 no 4367 desu.
3) Kyō wa ( ) desu ka.
……Ka-yōbi desu.
4) Teresa-chan wa ( ) desu ka.
……9-sai desu.
5) Kinō ( ) made hatarakimashita ka.
……9-ji made hatarakimashita.

7. Rei : Mainichi 9-ji kara 5-ji made ((hatarakimasu), hatarakimashita).

1) Kinō 10-ji ni (nemasu, nemashita).
2) Mainichi hiru 12-ji kara 1-ji made (yasumimasu, yasumimashita).
3) Ototoi no ban 9-ji kara 11-ji made (benkyō-shimasu, benkyō-shimashita).
4) Maiasa nan-ji ni (okimasu, okimashita) ka.
5) Asatte wa nichi-yōbi desu. (Hatarakimasen, Hatarakimasendeshita).

8. Rei : Konban benkyō-shimasu ka. ……Hai, (benkyō-shimasu).

1) Ototoi yasumimashita ka. ……Hai, ( ).
2) Nichi-yōbi hatarakimasu ka. ……Iie, ( ).
3) Kinō benkyō-shimashita ka. ……Iie, ( ).
4) Daigaku wa 3-ji ni owarimasu ka. ……Hai, ( ).

Dai 5 ka

Bunkei

1. Watashi wa Kyōto e ikimasu.
2. Watashi wa takushii de uchi e kaerimasu.
3. Watashi wa kazoku to Nihon e kimashita.

Reibun

1. Ashita doko e ikimasu ka.
   …Nara e ikimasu.

2. Nichi-yōbi doko e ikimashita ka.
   …Doko [e] mo ikimasendeshita.

3. Nan de Tōkyō e ikimasu ka.
   …Shinkansen de ikimasu.

4. Dare to Tōkyō e ikimasu ka.
   …Yamada-san to ikimasu.

5. Itsu Nihon e kimashita ka.
   …3-gatsu 25-nichi ni kimashita.

6. Tanjōbi wa itsu desu ka.
   …6-gatsu 13-nichi desu.

Kaiwa

Kōshien e ikimasu ka

Santosu	:	Sumimasen. Kōshien made ikura desu ka.
Onna no hito	:	350-en desu.
Santosu	:	350-en desu ne. Arigatō gozaimashita.
Onna no hito	:	Dō itashimashite.

Santosu	:	Sumimasen. Kōshien wa nan-bansen desu ka.
Ekiin	:	5-bansen desu.
Santosu	:	Dōmo.

Santosu	:	Anō, kono densh a wa Kōshien e ikimasu ka.
Otoko no hito	:	Iie. Tsugi no “futsū” desu yo.
Santosu	:	Sō desu ka. Dōmo.

Renshū A

1.	Watashi wa	sūpā kaisha Tōkyō	e ikimasu.
	Anata wa	doko	···············ka.

2.	Watashi wa	basu chikatetsu jitensha	de kaisha e ikimasu.
	Anata wa	nan	·························ka.

3.	Watashi wa	Mirā-san tomodachi kazoku	to Nihon e kimashita.
	Anata wa	dare	···············ka.

4.	Watashi wa	raishū nichi-yōbi [ni] 7-gatsu 15-nichi ni	kuni e kaerimasu.
	Anata wa	itsu	·····················ka.

Renshū B

1. Rei : → Sūpā e ikimasu.

1) → 2) → 3) → 4) →

2. Rei : kesa → Kesa doko e ikimashita ka.

……Sūpā e ikimashita.

1) sengetsu → 2) kinō no gogo →

3) raishū no getsu-yōbi → 4) senshū no nichi-yōbi →

3. Rei : → Nan de Kyōto e ikimasu ka.

……Densha de ikimasu.

1) → 2) → 3) → 4) →

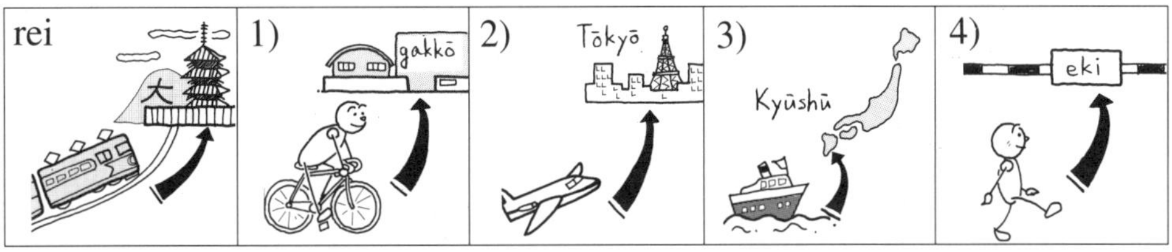

4. Rei : Kyōto (tomodachi) → Dare to Kyōto e ikimasu ka.

……Tomodachi to ikimasu.

1) Ōsakajō (kanojo) →

2) Hiroshima (kaisha no hito) →

3) Furansu (kazoku) →

4) byōin (hitori de) →

5. Rei 1 : Kyōto (3-gatsu mikka) → Itsu Kyōto e ikimasu ka.

……3-gatsu mikka ni ikimasu.

Rei 2 : Tōkyō (raishū) → Itsu Tōkyō e ikimasu ka.

……Raishū ikimasu.

1) Sakura-daigaku (9-gatsu jū yokka) →
2) Amerika (rainen no 3-gatsu) →
3) byōin (konshū no sui-yōbi) →
4) Hiroshima (raigetsu) →

6. Rei : Itsu Amerika e ikimasu ka. (raishū) → Raishū ikimasu.

1) Itsu Nihon e kimashitaka. (kyonen) →
2) Dare to Nihon e kimashita ka. (hitori de) →
3) Itsu kuni e kaerimasu ka. (rainen) →
4) Senshū no do-yōbi doko e ikimashita ka. (doko mo) →
5) Kyō nan-ji ni koko e kimashita ka. (9-ji) →
6) Dare to koko e kimashita ka. (Satō-san) →
7) Nan de uchi e kaerimasu ka. (basu) →
8) Kinō nan-ji ni uchi e kaerimashita ka. (7-ji)

7. Rei : → Mirā-san no tanjōbi wa itsu desu ka.

……10-gatsu muika desu.

1) → 2) → 3) → 4) →

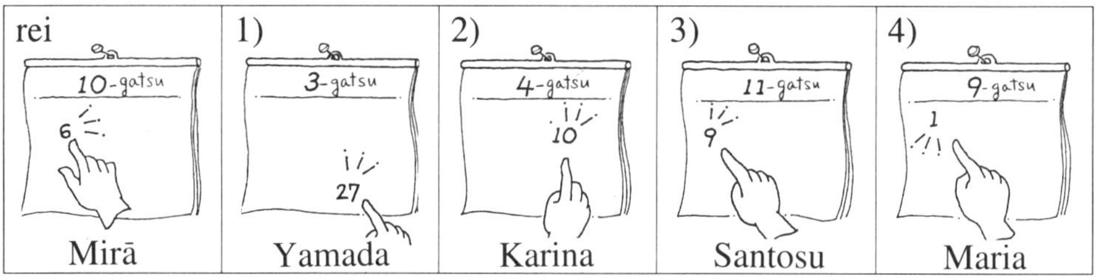

Renshū C

1. A : Ashita ①Tōkyō e ikimasu.
   B : Nan de ikimasu ka.
   A : ②Shinkansen de ikimasu.
   B : Hitori de ikimasu ka.
   A : Iie, kaisha no hito to ikimasu.

   1) ① Hiroshima
      ② basu
   2) ① Nagoya
      ② densha
   3) ① Hakata
      ② hikōki

2. A : O-kuni wa dochira desu ka.
   B : ①Amerika desu.
   A : Sō desu ka. Itsu Nihon e kimashita ka.
   B : ②Kyonen no 9-gatsu ni kimashita.

   1) ① Indoneshia
      ② sengetsu no tōka
   2) ① Igirisu
      ② kotoshi no 3-gatsu
   3) ① Chūgoku
      ② senshū no getsu-yōbi

3. A : Kono densha wa ①Kōshien e ikimasu ka.
   B : Iie, ikimasen. Tsugi no "②futsū" desu yo.
   A : Sō desu ka. Dōmo.

   1) ① Kyōto ② kyūkō
   2) ① Kōbe ② tokkyū
   3) ① Fushimi ② futsū

Mondai

1. 1) ____________________
   2) ____________________
   3) ____________________
   4) ____________________
   5) ____________________

2. 1)

①

②
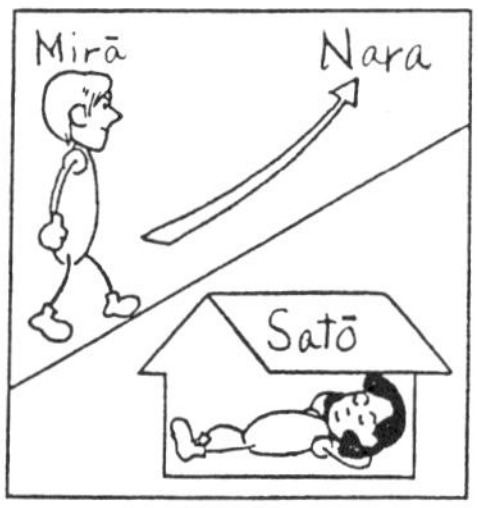

③

2)

①

②

③
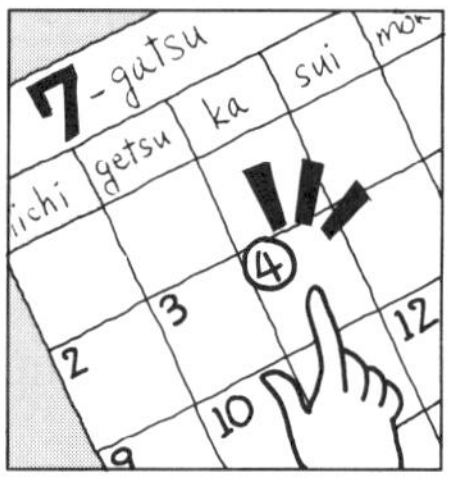

3. 1) (　　)　2) (　　)　3) (　　)

4. Rei : Kore wa (dare) no nōto desu ka.
   ……Karina-san no nōto desu.
   1) (　　　) Nihon e kimashita ka.
   ……8-gatsu 17-nichi ni kimashita.
   2) (　　　) to Nihon e kimashita ka.
   ……Kazoku to kimashita.
   3) Ashita (　　　) e ikimasu ka.
   ……Doko mo ikimasen.

4) Sumimasen. Kyōto made (　　　) desu ka.
……390-en desu.

5) (　　　) de Kyōto e ikimasu ka.
……Densha de ikimasu.

6) (　　　) ni uchi e kaerimasu ka.
……7-ji ni kaerimasu.

7) Tanjōbi wa (　　　) (　　　) desu ka.
……9-gatsu tsuitachi desu.

5. Rei : Kore (wa) hon desu.

1) Watashi wa Mirā desu.
Kotoshi (　) 4-gatsu (　) Amerika (　) kimashita.
2) Mainichi densha (　) kaisha (　) ikimasu.
3) Kinō 9-ji han (　) uchi (　) kaerimashita.
4) Kesa watashi wa Matsumoto-san (　) koko (　) kimashita.
5) Ototoi doko (　) ikimasendeshita.
6) Asatte hitori (　) depāto (　) ikimasu.

6. —Santosu-san no techō—

nichi-yōbi	getsu-yōbi	ka-yōbi	sui-yōbi	moku-yōbi	kin-yōbi	do-yōbi

Rei : Santosu-san wa ototoi ___shinkansen de Tōkyō e ikimashita___.
1) Santosu-san wa kinō ______________________.
2) Santosu-san wa kyō ______________________.
3) Santosu-san wa ashita no gogo ______________________.
4) Santosu-san wa asatte ______________________.
5) Santosu-san wa nichi-yōbi ni ______________________.

Dai 6 ka

Bunkei

1. Watashi wa jūsu o nomimasu.
2. Watashi wa eki de shinbun o kaimasu.
3. Issho ni Kōbe e ikimasen ka.
4. Chotto yasumimashō.

Reibun

1. Tabako o suimasu ka.
   …Iie, suimasen.

2. Maiasa nani o tabemasu ka.
   …Pan to tamago o tabemasu.

3. Kesa nani o tabemashita ka.
   …Nani mo tabemasendeshita.

4. Do-yōbi nani o shimashita ka.
   …Nihon-go o benkyō-shimashita. Sorekara eiga o mimashita.
   Nichi-yōbi wa nani o shimashita ka.
   …Tomodachi to Nara e ikimashita.

5. Doko de sono kaban o kaimashita ka.
   …Mekishiko de kaimashita.

6. Issho ni biiru o nomimasen ka.
   …Ē, nomimashō.

Kaiwa

Issho ni ikimasen ka

Satō : Mirā-san.

Mirā : Nan desu ka.

Satō : Ashita tomodachi to o-hanami o shimasu.
Mirā-san mo issho ni ikimasen ka.

Mirā : Ii desu ne. Doko e ikimasu ka.

Satō : Ōsakajō-kōen desu.

Mirā : Nan-ji desu ka.

Satō : 10-ji desu. Ōsakajō-kōen-eki de aimashō.

Mirā : Wakarimashita.

Satō : Ja, mata ashita.

Renshū A

1.

Watashi wa	pan	o tabemasu.
	kudamono	
	niku to yasai	
Anata wa	nani	···············ka.

2.

Watashi wa nani mo	kai	masen.
	tabe	masen.
	shi	masendeshita.

3.

Watashi wa	depāto	de tokei o kaimashita.
	ano mise	
	Tōkyō	
Anata wa	doko	···············ka.

4.

Issho ni	ocha o	nomi	masen ka.
	Kyōto e	iki	masen ka.
	eiga o	mi	masen ka.

5.

yasumi	masu		yasumi	mashō
iki	masu		iki	mashō
tabe	masu	→	tabe	mashō
shi	masu		shi	mashō

Renshū B

1. Rei : → Rajio o kikimasu.

   1) → 2) → 3) → 4) →

2. Rei : Tabako o suimasu ka. (hai) → Hai, suimasu.
   1) O-sake o nomimasu ka. (iie) →
   2) Ashita Nihon-go o benkyō-shimasu ka. (hai) →
   3) Kesa shinbun o yomimashita ka. (hai) →
   4) Kinō no ban terebi o mimashita ka. (iie) →

3. Rei : kaimasu (kaban) → Nani o kaimasu ka.
   ……Kaban o kaimasu.
   1) benkyō-shimasu (Nihon-go) →
   2) nomimasu (kōcha) →
   3) tabemashita (sakana) →
   4) kaimashita (zasshi to CD) →

4. Rei : ashita → Ashita nani o shimasu ka.
   ……Depāto e ikimasu.
   1) kyō no gogo → 2) konban →
   3) kinō → 4) ototoi →

5. Rei : shashin o torimasu (niwa) → Doko de shashin o torimasu ka.
……Niwa de torimasu.

1) Mirā-san ni aimasu (eki) →
2) hirugohan o tabemasu (kaisha no shokudō) →
3) gyūnyū o kaimashita (sūpā) →
4) Nihon-go o benkyō-shimashita (kuni) →

6. Rei : konban → Konban shukudai o shimasu. Sorekara, CD o kikimasu.

1) ashita → 2) raishū no do-yōbi →
3) kinō no gogo → 4) senshū no nichi-yōbi →

7. Rei : Issho ni Kyōto e ikimasen ka.
……Ē, ikimashō.

1) → 2) → 3) → 4) →

Renshū C

1. A : Nichi-yōbi nani o shimashita ka.
   B : ① Tegami o kakimashita. Sorekara ② bideo o mimashita.
   Tanaka-san wa?
   A : Watashi wa Kyōto e ikimashita.

   1) ① tenisu o shimasu
      ② biiru o nomimasu
   2) ① toshokan de benkyō-shimasu
      ② tomodachi ni aimasu
   3) ① depāto de wain o kaimasu
      ② Santosu-san no uchi e ikimasu

2. A : Itsumo kono ① mise de ② hon o kaimasu ka.
   B : Ē.
   A : Watashi mo tokidoki koko de ② kaimasu.
   B : Sō desu ka.

   1) ① resutoran
      ② hirugohan o tabemasu
   2) ① toshokan
      ② shukudai o shimasu
   3) ① sūpā
      ② pan o kaimasu

3. A : Konban issho ni biiru o nomimasen ka.
   B : Ē, ii desu ne.
   A : Ja, 6-ji ni eki de aimashō.
   B : Wakarimashita.

   1) Kōbe e ikimasu
   2) gohan o tabemasu
   3) eiga o mimasu

Mondai

1. 1) ____________________
   2) ____________________
   3) ____________________
   4) ____________________
   5) ____________________

2. 1) (　)　2) (　)　3) (　)　4) (　)　5) (　)

3.

Rei :　Densha (de) ____________ kaisha e ikimasu.

1)　Tomodachi (　) ____________ .

2)　12-ji (　) ____________ .

3)　Depāto (　) ____________ .

4)　Robii (　) ____________ .

5)　8-ji (　) 9-ji (　) ____________ .

4. Rei :　Maiban (nan-ji ni,　itsu,　doko de　) nemasu ka.
……11-ji ni nemasu.

1)　Nichi-yōbi (　doko de,　nani o,　nan de　) shimasu ka.
……Tenisu o shimasu.

2)　(　Doko e,　Doko de,　Itsu　) sono kamera o kaimashita ka.
……Ōsaka-depāto de kaimashita.

3) Kesa (nani o, nan de, doko de) tabemashita ka.
……Nani mo tabemasendeshita.

4) Ototoi (doko de, dare ni, nan-ji ni) aimashita ka.
……Guputa-san ni aimashita.

5. Rei : Ototoi Tōkyō e ((ikimashita), ikimasu).

1) Kinō no ban tegami o (kakimasu, kakimashita).

2) Maiasa shinbun o (yomimasu ka, yomimashita ka).
……Iie, yomimasen.

3) Issho ni bijutsukan e (ikimasendeshita ka, ikimasen ka).
……Ē, (ikimashō, ikimasen).

4) Ashita Ōsakajō-kōen de hanami o (shimashita, shimasu).

6.

Mirā-san no mainichi

Mirā-san wa maiasa 7-ji ni okimasu. Asagohan wa itsumo pan to kōhii desu. Densha de kaisha e ikimasu. Kaisha wa 9-ji kara 5-ji made desu. 7-ji ni uchi e kaerimasu. 7-ji han ni bangohan o tabemasu. Sorekara terebi o mimasu. Eigo no shinbun o yomimasu. Yoru 12-ji ni nemasu.

Do-yōbi to nichi-yōbi wa hatarakimasen. Do-yōbi wa asa toshokan e ikimasu. Gogo tenisu o shimasu. Nichi-yōbi wa doko mo ikimasen. Yasumimasu.

Rei 1 : (○) Mirā-san wa maiasa kōhii o nomimasu.

Rei 2 : (×) Mirā-san wa maiasa 7-ji han ni okimasu.

1) ( ) Mirā-san wa asagohan o tabemasen.

2) ( ) Mirā-san wa getsu-yōbi kara kin-yōbi made hatarakimasu.

3) ( ) Mirā-san wa maiasa Eigo no shinbun o yomimasu.

4) ( ) Mirā-san wa do-yōbi doko mo ikimasen.

Fukushū A

1. Rei : Watashi (wa) Maiku Mirā desu.
   1) Kochira wa IMC ( ) Maiku Mirā-san desu.
   2) Karina-san wa gakusei desu. Tawapon-san ( ) gakusei desu.
   3) Kore wa konpyūtā ( ) zasshi desu.
   4) Sore wa watashi ( ) hon desu.
   5) Ano kasa wa Tawapon-san ( ) desu.
   6) Kore wa Nihon ( ) kamera desu.
   7) Jimusho ( ) doko desu ka.
   8) Kono nekutai ( ) kudasai.
   9) Ginkō wa 10-ji ( ) 3-ji ( ) desu.
   10) Kinō ( ) ban 10-ji ( ) nemashita.
   11) Watashi wa hiru 12-ji ( ) 1-ji ( ) yasumimasu.
   12) Santosu-san wa Burajiru ( ) kimashita.
   13) Kinō takushii ( ) uchi ( ) kaerimashita.
   14) Watashi wa 8-gatsu ( ) tomodachi ( ) Hokkaidō ( ) ikimasu.
   15) Sūpā ( ) pan ( ) gyūnyū ( ) kaimashita.
   16) Kesa nani ( ) tabemasendeshita.

2.

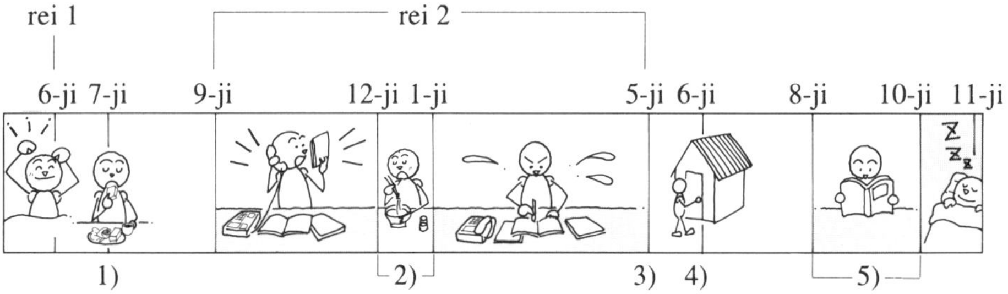

Rei 1 : Mirā-san wa asa 6-ji ni okimasu.

Rei 2 : Kaisha wa 9-ji kara 5-ji made desu.

1) Mirā-san wa ______________________.

2) Hiruyasumi wa ______________________.

3) Kaisha wa 5-ji ni ______________________.

4) Mirā-san wa ______________________.

5) Mirā-san wa ______________________.

3. Rei : Ano hito wa (dare) desu ka. ……Mirā-san desu.

1) Tarō-kun wa ( ) desu ka. ……8-sai desu.
2) Sore wa ( ) desu ka. ……Terehon-kādo desu.
3) Sore wa ( ) no tēpu desu ka. ……Nihon-go no tēpu desu.
4) Kore wa ( ) no kasa desu ka. ……Watashi no kasa desu.
5) Ano kaban wa ( ) no desu ka. ……Karina-san no desu.
6) Denwa wa ( ) desu ka. ……Asoko desu.
7) Uketsuke wa ( ) desu ka. ……Sochira desu.
8) O-kuni wa ( ) desu ka. ……Tai desu.
9) Sore wa ( ) no wain desu ka. ……Furansu no wain desu.
10) Kono kamera wa ( ) desu ka. ……35,000-en desu.
11) Toshokan no denwa-bangō wa ( ) desu ka. ……31 no 8698 desu.
12) Ima ( ) desu ka. ……9-ji 15-fun desu.
13) Kyō ( ) ni uchi e kaerimasu ka. ……7-ji ni kaerimasu.
14) Kaisha wa ( ) kara ( ) made desu ka.
……10-ji kara 6-ji made desu.
15) Kyō wa ( ) desu ka. ……Ka-yōbi desu.
16) Tanjōbi wa ( ) ( ) desu ka. ……2-gatsu 11-nichi desu.
17) ( ) e ikimasu ka. ……Hokkaidō e ikimasu.
18) ( ) ikimasu ka. ……6-gatsu ni ikimasu.
19) ( ) to ikimasu ka. ……Hitori de ikimasu.
20) ( ) de ikimasu ka. ……Hikōki de ikimasu.
21) Nichi-yōbi ( ) o shimashita ka. ……Ōsaka de eiga o mimashita.
22) Itsumo ( ) de shinbun o kaimasu ka. ……Eki de kaimasu.
23) Kōbe de ( ) o kaimashita ka. ……Kutsu o kaimashita.

4. Rei : Mirā-san wa Amerika-jin desu ka. ……Hai, Amerika-jin desu.

1) Mirā-san wa gakusei___ ka. ……Iie, gakusei___________.
2) Mainichi shinbun o yomi___ ka. ……Iie, yomi___________.
3) Ashita byōin e iki___ ka. ……Iie, iki___________.
4) Kinō doko e iki___ ka. ……Doko mo iki___________.
5) Konban issho ni nomi___ ka.
……Ē, ii desu ne.
Ja, 6-ji ni eki de ai___________.

A

Dai 7 ka

7

Bunkei

1. Watashi wa wāpuro de tegami o kakimasu.
2. Watashi wa Kimura-san ni hana o agemasu.
3. Watashi wa Karina-san ni chokorēto o moraimashita.
   (kara)

Reibun

1. Terebi de Nihon-go o benkyō-shimashita ka.
   …Iie, rajio de benkyō-shimashita.

2. Nihon-go de repōto o kakimasu ka.
   …Iie, Eigo de kakimasu.

3. "Goodbye" wa Nihon-go de nan desu ka.
   …"Sayōnara" desu.

4. Dare ni Kurisumasu-kādo o kakimasu ka.
   …Kazoku to tomodachi ni kakimasu.

5. Sore wa nan desu ka.
   …Techō desu. Yamada-san ni moraimashita.

6. Mō shinkansen no kippu o kaimashita ka.
   …Hai, mō kaimashita.

7. Mō hirugohan o tabemashita ka.
   …Iie, mada desu. Korekara tabemasu.

Kaiwa

Gomen kudasai

Hose Santosu	:	Gomen kudasai.
Yamada Ichirō	:	Irasshai. Dōzo oagari kudasai.
Hose Santosu	:	Shitsurei-shimasu.

Yamada Tomoko	:	Kōhii wa ikaga desu ka.
Maria Santosu	:	Arigatō gozaimasu.

Yamada Tomoko	:	Dōzo.
Maria Santosu	:	Itadakimasu. Kono supūn, suteki desu ne.
Yamada Tomoko	:	Ē. Kaisha no hito ni moraimashita. Yōroppa-ryokō no omiyage desu.

Renshū A

1.

Nihon-jin	wa	hashi	de gohan o tabemasu.
Indoneshia-jin		supūn to fōku	
Amerika-jin		naifu to fōku	
		nan	……………………………ka.

2.

Watashi wa	Nihon-go	de repōto o kakimasu.
	Eigo	
	Chūgoku-go	

3.

"Arigatō" wa	Eigo	de	"Thank you"	desu.
	Supein-go		"Gracias"	
	Chūgoku-go		"谢谢"	
	Tai-go		nan	………ka.

4.

Watashi wa	Satō-san	ni denwa o kakemasu.
	tomodachi	
	chichi	
Anata wa	dare	……………………………ka.

5.

Watashi wa	Watto-san	ni hon o karimashita.
	sensei	
	kaisha no hito	
Anata wa	dare	……………………………ka.

6.

Mō	nimotsu o	okuri	mashita.
	Ōsakajō e	iki	mashita.
	purezento o	kai	mashita.

Renshū B

1. Rei : gohan o tabemasu → Hashi de gohan o tabemasu.
   1) tegami o kakimasu →
   2) repōto o okurimasu →
   3) kami o kirimasu →
   4) gohan o tabemasu →

2. Rei : → Kore wa Nihon-go de nan desu ka.
   ……"Pasokon" desu.
   1) → 2) → 3) → 4) →

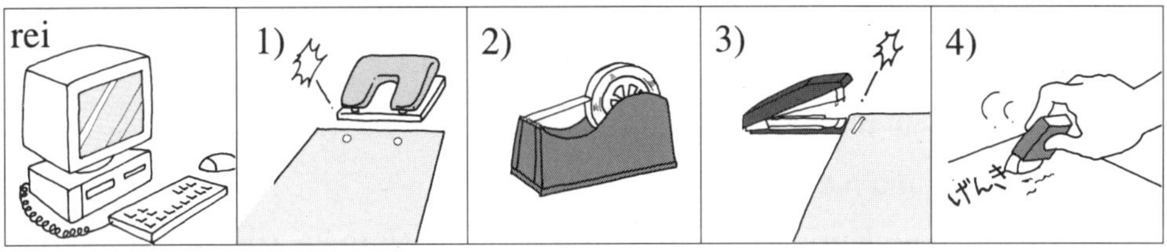

3. Rei : agemasu → Teresa-chan ni nōto o agemasu.
   1) kashimasu → 2) oshiemasu →
   3) kakimasu → 4) kakemasu →

4. Rei : moraimasu → Chichi ni shatsu o moraimashita.

1) karimasu →
2) naraimasu →
3) moraimasu →
4) moraimasu →

5. Rei : naraimasu → Dare ni Eigo o naraimashita ka.
……Watto-san ni naraimashita.

1) kakimasu →
2) kakemasu →
3) moraimasu →
4) karimasu →

6. Rei : Okāsan no tanjōbi ni nani o agemashita ka. (hana)
→ Hana o agemashita.

1) Kyonen no Kurisumasu ni nani o moraimashita ka. (nekutai to hon) →
2) Doko de Nihon-go o naraimashita ka. (Amerika) →
3) Itsu kazoku ni denwa o kakemasu ka. (ashita) →
4) Dare ni kono CD o karimashita ka. (tomodachi) →

7. Rei 1 : kippu o kaimasu (hai) → Mō kippu o kaimashita ka.
……Hai, mō kaimashita.

Rei 2 : tegami o kakimasu (iie) → Mō tegami o kakimashita ka.
……Iie, mada desu.

1) repōto o okurimasu (iie) →
2) Kyōto e ikimasu (hai) →
3) Mirā-san wa kaerimasu (iie) →
4) Teresa-chan wa nemasu (hai) →

Renshū C

1. A : Kore wa Nihon-go de nan desu ka.
   B : "Hasami" desu.
   A : "Hasami" desu ka.
   B : Hai, sō desu.

   1) hotchikisu
   2) keshigomu
   3) serotēpu

2. A : Sono ① tokei, suteki desu ne.
   B : Arigatō gozaimasu.
   Tanjōbi ni ② chichi ni moraimashita.

   1) ① shatsu
   ② tomodachi
   2) ① kutsu
   ② haha
   3) ① nekutai
   ② kanojo

3. A : Mō ① hirugohan o tabemashita ka.
   B : Iie, mada desu.
   ② Korekara ① tabemasu.

   1) ① repōto o kakimasu
   ② konban
   2) ① byōin e ikimasu
   ② kyō no gogo
   3) ① shinkansen no kippu o kaimasu
   ② ashita

Mondai

1. 1) ____________________

   2) ____________________

   3) ____________________

   4) ____________________

   5) ____________________

2. 1) ①  ②  ③ 

   2) ①  ②  ③ 

3. 1) (　　) 2) (　　) 3) (　　)

4.

Rei : Tomodachi ni ______ hon o kashimasu ______.

1) Gakusei ni ____________________.

2) Sensei ni ____________________.

3) Kazoku ni ____________________.

4) Chichi ni ____________________.

5) Kanojo ni ____________________.

5. Rei : Kore wa Itaria (no) kutsu desu.

1) Watashi wa hashi ( ) gohan o tabemasu.

2) Fakusu ( ) repōto o okurimashita.

3) "Sayōnara" wa Eigo ( ) nan desu ka.

4) Watashi wa kinō kanojo ( ) tegami ( ) kakimashita.

5) Watashi wa tomodachi ( ) omiyage ( ) moraimashita.

6. Rei : Mō hirugohan o tabemashita ka.

……Iie, mada desu .

Korekara tabemasu . Issho ni tabemasen ka .

1) Mō Ōsakajō e ikimashita ka.

……Iie, ________.

Nichi-yōbi Mirā-san to ________. Issho ni ________.

2) Mō Kurisumasu-kādo o kakimashita ka.

……Hai, ________.

3) Mō nimotsu o okurimashita ka.

……Iie, ________.

Kyō no gogo ________.

4) Teresa-chan wa mō nemashita ka.

……Hai, ________.

7. Do-yōbi to nichi-yōbi

Kesa toshokan e ikimashita. Toshokan de Tarō-kun ni aimashita. Tarō-kun to issho ni bideo o mimashita. Watashi wa ryokō no hon o karimashita.

Ashita wa nichi-yōbi desu. Asa ryokō no hon o yomimasu. Gogo depāto e ikimasu. Haha no tanjōbi no purezento o kaimasu. Kyonen wa haha ni hana o agemashita. Kotoshi wa Nihon no hana no hon o agemasu.

1) ( ) Kyō wa do-yōbi desu.

2) ( ) Mirā-san wa kesa Tarō-kun to toshokan e ikimashita.

3) ( ) Mirā-san wa toshokan de ryokō no hon o yomimashita.

4) ( ) Mirā-san wa kotoshi mo okāsan ni hana o agemasu.

7

8

Dai 8 ka

Bunkei

1. Sakura wa kirei desu.
2. Fujisan wa takai desu.
3. Sakura wa kireina hana desu.
4. Fujisan wa takai yama desu.

Reibun

1. Ōsaka wa nigiyaka desu ka.
   …Hai, nigiyaka desu.

2. Biwako no mizu wa kirei desu ka.
   …Iie, amari kirei ja arimasen.
   (dewa)

3. Pekin wa ima samui desu ka.
   …Hai, totemo samui desu.
   Shanhai mo samui desu ka.
   …Iie, amari samukunai desu.

4. Sono jisho wa ii desu ka.
   …Iie, amari yokunai desu.

5. Tōkyō no chikatetsu wa dō desu ka.
   …Kirei desu. Soshite benri desu.

6. Kinō eiga o mimashita.
   …Donna eiga desu ka.
   "Shichi-nin no samurai" desu. Furui desu ga, totemo omoshiroi eiga desu.

7. Mirā-san no kasa wa dore desu ka.
   …Ano aoi kasa desu.

Kaiwa

Sorosoro shitsurei-shimasu

Yamada Ichirō : Maria-san wa mō Nihon no seikatsu ni naremashita ka.

Maria Santosu : Ē. Mainichi totemo tanoshii desu.

Yamada Ichirō : Sō desu ka. Santosu-san, o-shigoto wa dō desu ka.

Hose Santosu : Sō desu ne. Isogashii desu ga, omoshiroi desu.

Yamada Tomoko : Kōhii, mō ippai ikaga desu ka.

Maria Santosu : Iie, kekkō desu.

Hose Santosu : A, mō 8-ji desu ne. Sorosoro shitsurei-shimasu.

Yamada Ichirō : Sō desu ka.

Maria Santosu : Kyō wa dōmo arigatō gozaimashita.

Yamada Tomoko : Iie. Mata irasshatte kudasai.

Renshū A

1. Watto-sensei wa

Watto-sensei wa	hansamu	desu.
	shinsetsu	
	ii	
	omoshiroi	
	dō	……………ka.

2.

kirei	desu	→	kirei	ja arimasen
genki	desu		genki	ja arimasen
nigiyaka	desu		nigiyaka	ja arimasen

taka	i	desu	→	taka	kunai	desu
oishi	i	desu		oishi	kunai	desu
i	i	desu		yo	kunai	desu

3.

Nara wa	kirei	na	machi desu.
	shizuka	na	
	furu	i	
	i	i	
	donna		………………ka.

Renshū B

1. Rei : → Mirā-san wa shinsetsu desu.

   1) → 2) → 3) → 4) →

2. Rei 1 : Yamada-san · genki → Yamada-san wa genki ja arimasen.

   Rei 2 : Kono jitensha · atarashii → Kono jitensha wa atarashikunai desu.

   1) Ii-san · hima →
   2) Wan-san no heya · kirei →
   3) Mirā-san · isogashii →
   4) Nihon-go · yasashii →

3. Rei 1 : Mirā-san · genki (hai) → Mirā-san wa genki desu ka.
   ······Hai, genki desu.

   Rei 2 : Nihon no kamera· takai (iie) → Nihon no kamera wa takai desu ka.
   ······Iie, takakunai desu.

   1) ano resutoran · shizuka (iie) →
   2) kaisha no shokudō · yasui (hai) →
   3) sono pasokon · ii (iie, amari) →
   4) fakusu · benri (hai, totemo) →

4. Rei 1 : Nihon no chikatetsu (benri, kirei) → Nihon no chikatetsu wa dō desu ka.
   ······Benri desu. Soshite, kirei desu.

   Rei 2 : Nihon no kuruma (takai, ii) → Nihon no kuruma wa dō desu ka.
   ······Takai desu ga, ii desu.

   1) kaisha no ryō (furui, kirei) →
   2) kaisha no hito (shinsetsu, omoshiroi) →
   3) Nihon no tabemono (oishii, takai) →
   4) shigoto (isogashii, omoshiroi) →

5. Rei 1 : hana o kaimashita/kirei → Kireina hana o kaimashita.
   Rei 2 : hana o kaimashita/akai → Akai hana o kaimashita.
   1) gyūnyū o nomimashita/tsumetai →
   2) bideo o karimashita/atarashii →
   3) purezento o moraimashita/suteki →
   4) kinō no ban resutoran de tabemashita/yūmei →

6. Rei : Ōsaka・machi (nigiyaka) → Ōsaka wa donna machi desu ka.
   ……Nigiyakana machi desu.
   1) "Shichi-nin no samurai"・eiga (omoshiroi) →
   2) Santosu-san・hito (shinsetsu) →
   3) IMC・kaisha (atarashii) →
   4) Suisu・kuni (kirei) →

7. Rei : Ōsaka・shizukana machi (iie) → Ōsaka wa shizukana machi desu ka.
   ……Iie, shizukana machi ja arimasen.
   1) IMC・ōkii kaisha (iie) →
   2) Watto-san・ii sensei (hai) →
   3) Sakura-daigaku・yūmeina daigaku (iie, amari) →
   4) Fujisan・kireina yama (hai, totemo) →

8. Rei : Mirā-san no kasa (kuroi) → Mirā-san no kasa wa dore desu ka.
   ……Kono kuroi kasa desu.
   1) Karina-san no kaban (akai) →
   2) Santosu-san no kutsu (shiroi) →
   3) Matsumoto-san no tsukue (ōkii) →
   4) Satō-san no uchi (atarashii) →

Renshū C

1. A : O-genki desu ka.
   B : Hai, genki desu.
   A : ① O-shigoto wa dō desu ka.
   B : Sō desu ne. ② Isogashii desu ga, ② omoshiroi desu.

   1) ① Nihon-go no benkyō
      ② omoshiroi · muzukashii
   2) ① daigaku no ryō
      ② chiisai · kirei
   3) ① Nihon no seikatsu
      ② isogashii · tanoshii

2. A : Senshū ① Kinkakuji e ikimashita.
   B : Sō desu ka. Watashi mo raishū ikimasu.
   Donna tokoro desu ka.
   A : ② Kireina tokoro desu yo.

   1) ① Ōsakajō ② shizuka
   2) ① Nagasaki ② omoshiroi
   3) ① Nara ② ii

3. A : Ano ① kaban o misete kudasai.
   B : Dore desu ka.
   A : Ano ② akai ① kaban desu.
   B : Kore desu ka.
   A : Hai, sō desu.

   1) ① kutsu ② kuroi
   2) ① kasa ② aoi
   3) ① shatsu ② shiroi

Mondai

1. 1) ____________________

   2) ____________________

   3) ____________________

   4) ____________________

   5) ____________________

2. 1)

① 

② 

③ 

2)

① 

② 

③ 

3. 1) (　　)　2) (　　)　3) (　　)

4. Rei : Tai wa samui desu ka. ……Iie, (atsui) desu.

chiisai	furui	yasashii	isogashii	~~atsui~~

1) Ashita hima desu ka. ……Iie, (　　) desu.
2) Anata no kaisha wa atarashii desu ka. ……Iie, (　　) desu.
3) Nihon-go wa muzukashii desu ka. ……Iie, (　　) desu.
4) Anata no uchi wa ōkii desu ka. ……Iie, (　　) desu.

5. Rei : Nihon no tabemono wa yasui desu ka.
……Iie, (yasukunai desu). Totemo takai desu.

1) Anata no pasokon wa atarashii desu ka.
……Iie, ( ). Furui desu.

2) Igirisu wa ima atsui desu ka.
……Iie, amari ( ).

3) Ōsaka wa shizuka desu ka.
……Iie, ( ). Totemo nigiyaka desu.

4) Kono techō wa benri desu ka.
……Iie, amari ( ).

6. Rei : Wan-san wa (genki desu → genkina) hito desu.

1) IMC wa (atarashii desu →) kaisha desu.
2) Fujisan wa (yūmei desu →) yama desu.
3) Tōkyō wa (omoshiroi desu →) machi desu.
4) Sakura wa (kirei desu →) hana desu.
5) Indoneshia wa (atsui desu →) kuni desu.

7. Watto-sensei

Watto-san wa Sakura-daigaku no Eigo no sensei desu. Mainichi akai jidōsha de daigaku e ikimasu. Sakura-daigaku wa ōkii daigaku dewa arimasen ga, ii daigaku desu. Watto-san wa itsumo shokudō de hirugohan o tabemasu. Shokudō wa 12-ji kara 1-ji made totemo nigiyaka desu. Shokudō no tabemono wa oishii desu. Soshite, yasui desu. Daigaku no shigoto wa isogashii desu ga, tanoshii desu.

1) ( ) Watto-san wa ōkii daigaku de Eigo o oshiemasu.
2) ( ) Watto-san no jidōsha wa aoi desu.
3) ( ) Shokudō no tabemono wa takakunai desu.
4) ( ) Daigaku no shigoto wa omoshirokunai desu.

Dai 9 ka

Bunkei

1. Watashi wa Itaria-ryōri ga suki desu.
2. Watashi wa Nihon-go ga sukoshi wakarimasu.
3. Kyō wa kodomo no tanjōbi desu kara, hayaku kaerimasu.

Reibun

1. O-sake ga suki desu ka.
   …Iie, suki ja arimasen.
   (dewa)

2. Donna supōtsu ga suki desu ka.
   …Sakkā ga suki desu.

3. Karina-san wa e ga jōzu desu ka.
   …Hai, [Karina-san wa] totemo jōzu desu.

4. Tanaka-san wa Indoneshia-go ga wakarimasu ka.
   …Iie, zenzen wakarimasen.

5. Komakai okane ga arimasu ka.
   …Iie, arimasen.

6. Maiasa shinbun o yomimasu ka.
   …Iie, jikan ga arimasen kara, yomimasen.

7. Dōshite kinō hayaku kaerimashita ka.
   …Yōji ga arimashita kara.

Kaiwa

Zannen desu

Mirā : Moshi moshi, Mirā desu.

Kimura : Ā, Mirā-san, konbanwa. O-genki desu ka.

Mirā : Ē, genki desu.

Anō, Kimura-san, Ozawa Seiji no konsāto, issho ni ikaga desu ka.

Kimura : Ii desu ne. Itsu desu ka.

Mirā : Raishū no kin-yōbi no ban desu.

Kimura : Kin-yōbi desu ka.

Kin-yōbi no ban wa chotto …….

Mirā : Dame desu ka.

Kimura : Ē, tomodachi to yakusoku ga arimasu kara, …….

Mirā : Sō desu ka. Zannen desu ne.

Kimura : Ē. Mata kondo onegai-shimasu.

Renshū A

1. Watashi wa eiga ga suki desu.
   - eiga
   - supōtsu
   - Kankoku-ryōri

2. Santosu-san wa uta ga jōzu desu.
   - uta
   - ryōri
   - Nihon-go

3. Watashi wa hiragana ga wakarimasu.
   - hiragana
   - kanji
   - Nihon-go

4. Watashi wa kamera ga arimasu.
   - kamera
   - kuruma
   - yakusoku
   - yōji

5. Isogashii desu kara, doko mo ikimasen.
   - Isogashii desu
   - Shigoto ga arimasu
   - Jikan ga arimasen

Renshū B

1. Rei 1 : supōtsu (hai) → Mirā-san wa supōtsu ga suki desu ka.
   ……Hai, suki desu.

   Rei 2 : dansu (iie) → Mirā-san wa dansu ga suki desu ka.
   ……Iie, suki ja arimasen.

   1) Nihon-ryōri (hai) →
   2) karaoke (iie, amari) →
   3) ryokō (hai, totemo) →
   4) sakana (iie, amari) →

2. Rei : → Mirā-san wa donna supōtsu ga suki desu ka.
   ……Yakyū ga suki desu.

   1) → 2) → 3) → 4) →

3. Rei 1 : Satō-san → Satō-san wa uta ga jōzu desu.
   Rei 2 : Mirā-san → Mirā-san wa uta ga jōzu ja arimasen.

   1) Maria-san → 2) Matsumoto-san →
   3) Yamada-san no okusan → 4) Karina-san →

4. Rei : Maria-san・katakana (hai, sukoshi)

→ Maria-san wa katakana ga wakarimasu ka.

……Hai, sukoshi wakarimasu.

1) Shumitto-san・Eigo (hai, yoku) →

2) Teresa-chan・kanji (iie, amari) →

3) Santosu-san・Nihon-go (hai, daitai) →

4) Yamada-san・Furansu-go (iie, zenzen) →

5. Rei : jidōsha → Mirā-san wa jidōsha ga arimasu ka.

……Iie, arimasen.

1) jitensha →

2) fakusu →

3) okane →

4) pasokon →

6. Rei : → Jikan ga arimasen kara, takushii de ikimasu.

1) → 2) → 3) → 4) →

7. Rei : Kyōto e ikimasen (yakusoku ga arimasu)

→ Dōshite Kyōto e ikimasen ka.

……Yakusoku ga arimasu kara.

1) Wāpuro de tegami o kakimasu (ji ga heta desu) →

2) Go-shujin wa tenisu o shimasen (otto wa supōtsu ga kirai desu) →

3) Tai-go no hon o kaimashita (raigetsu Tai e ikimasu) →

4) Kinō Kōbe e ikimasendeshita (shigoto ga takusan arimashita) →

Renshū C

1. A : ① Itaria-ryōri ga suki desu ka.
   B : Ē, suki desu.
   A : Ja, nichi-yōbi issho ni
   ② tabemasen ka.
   B : Ii desu ne.

   1) ① tenisu ② shimasu
   2) ① biiru ② nomimasu
   3) ① e ② bijutsukan e ikimasu

2. A : ① Eiga ga suki desu ka.
   B : Ē, suki desu ga …, amari ② mimasen.
   ③ Jikan ga arimasen kara.

   1) ① ryokō ② shimasu
   ③ okane ga arimasen
   2) ① karaoke ② ikimasu
   ③ uta ga heta desu
   3) ① supōtsu ② shimasu
   ③ jikan ga arimasen

3. A : ① Konsāto no chiketto o
   moraimashita.
   Issho ni ikimasen ka.
   B : Itsu desu ka.
   A : Raishū no do-yōbi desu.
   B : Sumimasen. Raishū no do-yōbi wa
   ② shigoto ga arimasu kara.
   A : Sō desu ka. Zannen desu ne.

   1) ① yakyū ② yōji
   2) ① kabuki ② shigoto
   3) ① kurashikku no konsāto
   ② yakusoku

Mondai

1. 1) ____________________
   2) ____________________
   3) ____________________
   4) ____________________
   5) ____________________

2. 1) (　　) 2) (　　) 3) (　　) 4) (　　) 5) (　　)

3. Rei : Nichi-yōbi wa (itsumo) tenisu o shimasu.

zenzen	totemo	takusan	yoku	~~itsumo~~

1) Maria-san wa kanji ga (　　) wakarimasen.
2) Ano hito wa okane ga (　　) arimasu.
3) Kono pan wa (　　) oishii desu.
4) Wan-san wa Eigo ga (　　) wakarimasu.

4. Rei : Matsumoto-san no okusan wa (donna) hito desu ka.
……Shinsetsuna hito desu.

1) Karina-san wa (　　　　) ryōri ga suki desu ka.
……Kankoku-ryōri ga suki desu.
2) (　　　　) ano mise de wain o kaimasu ka.
……Yasui desu kara.
3) Benkyō wa (　　　　) desu ka.
……Omoshiroi desu.
4) Anata no kaban wa (　　　　) desu ka.
……Are desu.

5. Rei : Biiru (o) nomimasu.

1) Maria-san wa dansu ( ) jōzu desu.
2) Watashi wa Tai-go ( ) wakarimasen.
3) Nichi-yōbi wa tomodachi to yakusoku ( ) arimasu.
4) Ashita wa isogashii desu ( ), doko mo ikimasen.
5) Donna eiga ( ) suki desu ka.
6) Uta ( ) heta desu ( ), karaoke ga kirai desu.

6. Rei : Jikan ga arimasen kara, hon o yomimasen.

~~hon o yomimasen~~	ginkō wa yasumi desu	maishū shimasu
nani mo kaimasen	atsui kōhii o nomimasu	

1) Tenisu ga suki desu kara, ____________________.
2) Samui desu kara, ____________________.
3) Okane ga arimasen kara, ____________________.
4) Ashita wa nichi-yōbi desu kara, ____________________.

7. Yamada-san to dansu

Yamada-san wa dansu ga suki desu. Maiban dansu no gakkō e ikimasu. Dansu no sensei wa kireina hito desu. Yamada-san wa jōzu dewa arimasen ga, kireina sensei ni naraimasu kara, mainichi tanoshii desu. Sensei no tanjōbi ni konsāto no chiketto o agemashita. Sensei wa tomodachi to ikimashita. Yamada-san wa totemo zannen desu.

1) ( ) Yamada-san wa dansu ga suki desu kara, mainichi gakkō e ikimasu.
2) ( ) Yamada-san wa dansu ga jōzu desu kara, tokidoki dansu o oshiemasu.
3) ( ) Yamada-san wa sensei ni konsāto no chiketto o moraimashita.
4) ( ) Yamada-san wa sensei to issho ni ongaku o kikimashita.

Dai 10 ka

Bunkei

1. Asoko ni Satō-san ga imasu.
2. Tsukue no ue ni shashin ga arimasu.
3. Kazoku wa N yūyōku ni imasu.
4. Tōkyō Dizuniirando wa Chiba-ken ni arimasu.

Reibun

1. Asoko ni otoko no hito ga imasu ne. Ano hito wa dare desu ka.
   …IMC no Matsumoto-san desu.

2. Kono chikaku ni denwa ga arimasu ka.
   …Hai, asoko ni arimasu.

3. Niwa ni dare ga imasu ka.
   …Dare mo imasen. Neko ga imasu.

4. Hako no naka ni nani ga arimasu ka.
   …Furui tegami ya shashin [nado] ga arimasu.

5. Mirā-san wa doko ni imasu ka.
   …Kaigishitsu ni imasu.

6. Yūbinkyoku wa doko ni arimasu ka.
   …Eki no chikaku desu. Ginkō no mae ni arimasu.

Kaiwa

Chiri-sōsu wa arimasen ka

Mirā : Sumimasen. Yunyūya-sutoa wa doko desu ka.

Onna no hito : Yunyūya-sutoa desu ka.

Asoko ni shiroi biru ga arimasu ne.

Ano biru no naka desu.

Mirā : Sō desu ka. Dōmo sumimasen.

Onna no hito : Iie.

Mirā : Anō, chiri-sōsu wa arimasen ka.

Ten'in : Hai.

Migi no oku ni supaisu-kōnā ga arimasu.

Chiri-sōsu wa shita kara 2-dan-me desu.

Mirā : Wakarimashita. Dōmo.

Renshū A

1. Asoko ni	Yamada-san	ga imasu.
	onna no hito	
	kodomo	
	dare	…………ka.

2. Asoko ni	denwa	ga arimasu.
	biru	
	kōen	
	nani	…………ka.

3. Sūpā no	mae	ni kissaten ga arimasu.
	tonari	
	naka	

4. Mirā-san wa	kaigishitsu	ni imasu.
	erebētā no mae	
	1-kai	
	doko	…………ka.

5. Hon-ya wa	eki no chikaku	ni arimasu.
	ginkō no tonari	
	hana-ya to sūpā no aida	
	doko	……………………ka.

Renshū B

1. Rei 1 : → Kyōshitsu ni gakusei ga imasu.

   Rei 2 : → Asoko ni posuto ga arimasu.

   1) → 2) → 3) → 4) →

2. Rei : doa・suitchi → Doa no migi ni suitchi ga arimasu.

   1) isu・neko → 2) mise・kuruma →

   3) ki・otoko no ko → 4) reizōko・iroirona mono →

3. Rei : tēburu no ue・nani → Tēburu no ue ni nani ga arimasu ka.

   ……Kaban ga arimasu.

   1) beddo no shita・nani → 2) heya・dare →

   3) mado no hidari・nani → 4) niwa・dare →

4. Rei 1 : Mirā-san → Mirā-san wa doko ni imasu ka.

……Jimusho ni imasu.

Rei 2 : hasami → Hasami wa doko ni arimasu ka.

……Hako no naka ni arimasu.

1) otoko no ko → 2) jitensha →

3) inu → 4) shashin →

5. Rei : hon-ya → Hon-ya wa doko ni arimasu ka.

……Sūpā no tonari ni arimasu.

1) posuto → 2) denwa →

3) ginkō → 4) takushii-noriba →

Renshū C

1. A : Sumimasen. Mirā-san wa imasu ka.
   B : Iie. Kaigishitsu ni imasu.
   A : Sō desu ka. Dōmo.

   1) shokudō ni imasu
   2) ginkō e ikimashita
   3) yūbinkyoku e ikimashita

10

2. A : Sumimasen. ①Nōto wa arimasen ka.
   B : ①Nōto desu ka. Ano ②ichiban ue no tana desu.
   A : Dōmo.

   1) ① denchi
      ② ichiban shita
   2) ① firumu
      ② ue kara 3-dan-me
   3) ① serotēpu
      ② shita kara 2-dan-me

3. A : Anō, chikaku ni ①yūbinkyoku ga arimasu ka.
   B : Ē. Asoko ni takai biru ga arimasu ne.
   Ano ②tonari desu.
   A : Wakarimashita. Dōmo.

   1) ① sūpā
      ② ushiro
   2) ① ginkō
      ② naka
   3) ① posuto
      ② mae

Mondai

1. 1) ______________________
   2) ______________________
   3) ______________________
   4) ______________________
   5) ______________________

10

2. 1) ① 

② 

③ 

   2) ① 
② 
③ 

   3) ① 

② 

③ 

3. 1) (　　)　2) (　　)

4. Rei : Uketsuke ni Mirā-san ga (　imasu　).
   1) Wain-uriba wa chika ni (　　　　　).
   2) Inu wa doko ni (　　　　　) ka.
   3) Asoko ni chiisai otoko no ko ga (　　　　　).
   4) Reizōko no naka ni nani mo (　　　　　).
   5) Jimusho ni dare mo (　　　　　).

5. Rei : Isu (no) shita (ni) neko (ga) imasu.
   1) Keshigomu wa kaban no naka ( ) arimasu.
   2) Takushii-noriba ( ) chikaku ( ) posuto ga arimasu.
   3) Hana-ya ( ) sūpā ( ) ginkō ( ) aida ni arimasu.
   4) Kōen ( ) dare ( ) imasen.
   5) Jimusho ni fakusu ( ) pasokon nado ( ) arimasu.

6. Rei : (Dare to) Kōbe e ikimashita ka. ……Kimura-san to ikimashita.

doko e	doko mo	nani ga	nani mo	nani o	~~dare to~~	dare ga	dare mo

   1) Soko ni ( ) arimasu ka. ……Kagi ga arimasu.
   2) Niwa ni ( ) imasu ka. ……( ) imasen.
   3) Mise de ( ) kaimashita ka. ……( ) kaimasendeshita.
   4) Mirā-san wa ashita ( ) ikimasu ka.
      ……( ) ikimasen.

7. watashi no uchi

Watashi no atarashii uchi wa shizukana tokoro ni arimasu. Uchi no tonari ni kireina kōen ga arimasu. Kōen no mae ni toshokan to kissaten ga arimasu. Watashi wa toshokan de hon o karimasu. Soshite, kōen de yomimasu. Tokidoki kissaten de yomimasu. Kissaten no kōhii wa oishii desu. Uchi no chikaku ni yūbinkyoku to ginkō ga arimasu. Yūbinkyoku to ginkō no aida ni sūpā ga arimasu. Sūpā no naka ni hana-ya ya oishii pan-ya ga arimasu. Totemo benri desu.

Watashi no uchi wa ① ② ③ no dore desu ka. ( )

①

②

③

Dai 11 ka

Bunkei

1. Kaigishitsu ni tēburu ga nanatsu arimasu.
2. Watashi wa Nihon ni 1-nen imasu.

Reibun

1. Ringo o ikutsu kaimashita ka.
   …Yottsu kaimashita.

2. 80-en no kitte o 5-mai to hagaki o 2-mai kudasai.
   …Hai. Zenbu de 500-en desu.

3. Fuji-daigaku ni gaikokujin no sensei ga imasu ka.
   …Hai, 3-nin imasu. Minna Amerika-jin desu.

4. Kazoku wa nan-nin desu ka.
   …5-nin desu. Ryōshin to ane to ani ga imasu.

5. 1-shūkan ni nan-kai tenisu o shimasu ka.
   …2-kai gurai shimasu.

6. Tanaka-san wa donokurai Supein-go o benkyō-shimashita ka.
   …3-kagetsu benkyō-shimashita.
   E, 3-kagetsu dake desu ka. Jōzu desu ne.

7. Ōsaka kara Tōkyō made shinkansen de donokurai kakarimasu ka.
   …2-jikan han kakarimasu.

Kaiwa

Kore, onegai-shimasu

Kanrinin : Ii tenki desu ne. O-dekake desu ka.

Wan : Ē, chotto yūbinkyoku made.

Kanrinin : Sō desu ka. Itte irasshai.

Wan : Itte mairimasu.

Wan : Kore, sokutatsu de onegai-shimasu.

Yūbinkyokuin : Hai, Ōsutoraria desu ne. 370-en desu.

Wan : Sorekara kono nimotsu mo onegai-shimasu.

Yūbinkyokuin : Funabin desu ka, kōkūbin desu ka.

Wan : Funabin wa ikura desu ka.

Yūbinkyokuin : 500-en desu.

Wan : Donokurai kakarimasu ka.

Yūbinkyokuin : 1-kagetsu gurai desu.

Wan : Ja, funabin de onegai-shimasu.

RenshūA

1.

Mikan o	itsutsu	kaimashita.
	yattsu	
	tō	
	ikutsu	············ka.

2.

90-en no kitte o	1-mai	kudasai.
	2-mai	
	5-mai	

3.

Kono kaisha ni gaikoku-jin ga	hitori	imasu.
	futari	
	4-nin	
	nan-nin	·········ka.

4.

1-shūkan	ni	1-kai	eiga o mimasu.
1-kagetsu		2-kai	
1-nen		5-kai gurai	
		nan-kai	··················ka.

5.

Watashi wa kuni de	5-shūkan	Nihon-go o benkyō-shimashita.
	6-kagetsu	
	1-nen gurai	
Anata wa ···········	donokurai	····································· ka.

6.

Watashi no kuni kara Nihon made hikōki de	4-jikan	kakarimasu.
	5-jikan han	
	12-jikan	
Anata no ··································	donokurai	·············· ka.

Renshū B

1. Rei : ringo → Ringo ga ikutsu arimasu ka.

   ……Mittsu arimasu.

   1) isu → 2) tamago →

   3) kaban → 4) kagi →

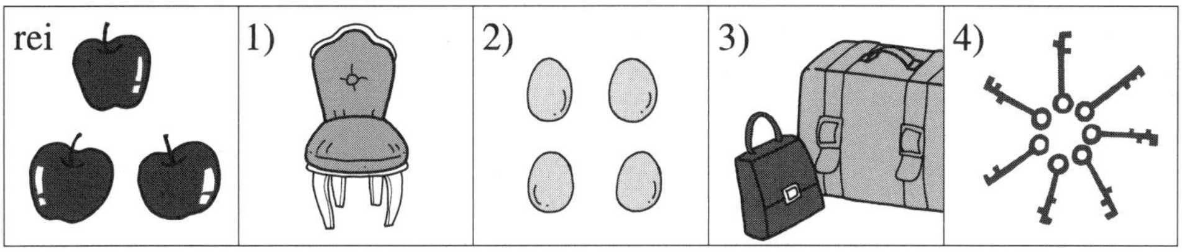

2. Rei 1 : terebi → Terebi ga nan-dai arimasu ka.

   ……2-dai arimasu.

   Rei 2 : shatsu → Shatsu ga nan-mai arimasu ka.

   ……1-mai arimasu.

   1) CD → 2) konpyūtā →

   3) fūtō → 4) jidōsha →

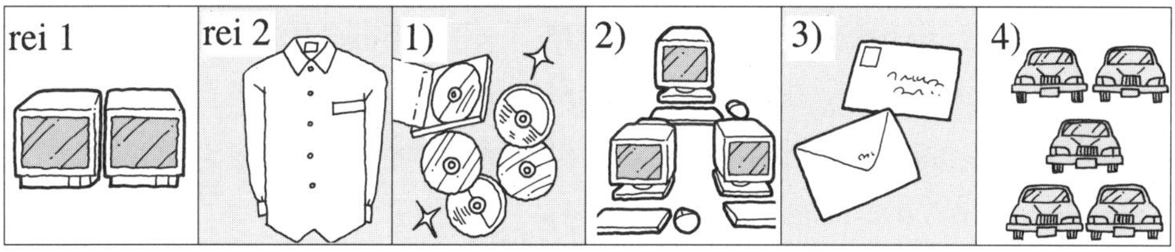

3. Rei : gakusei → Gakusei ga nan-nin imasu ka.

   ……4-nin imasu.

   1) gaikokujin no shain → 2) onna no hito →

   3) otoko no ko → 4) kodomo →

4. Rei : kaimasu → Hagaki o nan-mai kaimashita ka.
……10-mai kaimashita.

1) torimasu →   2) kaimasu →

3) tabemasu →   4) okurimasu →

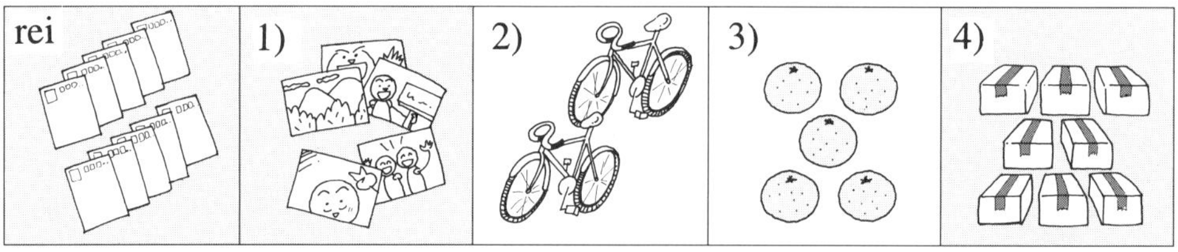

5. Rei : 1-kagetsu · eiga o mimasu (1) → 1-kagetsu ni nan-kai eiga o mimasu ka.
……1-kai mimasu.

1) 1-nichi · kanojo ni denwa o kakemasu (2) →

2) 1-shūkan · Nihon-go o naraimasu (3) →

3) 1-kagetsu · Tōkyō e ikimasu (1) →

4) 1-nen · kuni e kaerimasu (1) →

6. Rei : Sengetsu kaisha o yasumimashita (yokka)
→ Sengetsu nan-nichi kaisha o yasumimashita ka.
……Yokka yasumimashita.

1) daigaku de benkyō-shimasu (4-nen) →

2) ryokō o shimashita (2-shūkan) →

3) mainichi hatarakimasu (8-jikan) →

4) yasumimasu (10-pun dake) →

7. Rei : Nihon-go o benkyō-shimashita (3-kagetsu)
→ Donokurai Nihon-go o benkyō-shimashita ka.
……3-kagetsu benkyō-shimashita.

1) ryokō o shimasu (1-shūkan gurai) →

2) Furansu-go o naraimashita (5-nen) →

3) sūpā de hatarakimashita (4-kagetsu gurai) →

4) Nihon ni imasu (2-nen) →

Renshū C

1. A : Irasshai mase.
   B : ① Sandoitchi o ② futatsu kudasai.
   A : Kashikomarimashita.

1) ① jūsu
   ② hitotsu
2) ① aisukuriimu
   ② yottsu
3) ① karēraisu
   ② itsutsu

2. A : Kazoku wa nan-nin desu ka.
   B : 4-nin desu.
   ① Haha to ② otōto ga ③ futari imasu.

1) ① tsuma ② kodomo
   ③ futari
2) ① chichi ② kyōdai
   ③ futari
3) ① ryōshin ② imōto
   ③ hitori

3. A : Kore wa Amerika made ① sokutatsu de ikura desu ka.
   B : ② 630-en desu.
   A : Donokurai kakarimasu ka.
   B : ③ Yokka gurai desu.

1) ① funabin ② 2,500-en
   ② 2-shūkan
2) ① ea-mēru ② 1,870-en
   ③ 1-shūkan
3) ① kakitome ② 940-en
   ③ 1-shūkan

Mondai

1. 1) ______________________________
   2) ______________________________
   3) ______________________________
   4) ______________________________
   5) ______________________________

2. 1) ①

②

③

   2) ①

②

③

3. 1) (　　)　2) (　　)　3) (　　)

4. Rei : Mikan ga (　8 → yattsu　) arimasu.
   1) Kodomo ga (　2 → 　　) imasu.
   2) Kuruma ga (　4 → 　　) arimasu.
   3) Kitte o (　10 → 　　) kaimashita.
   4) Ringo o (　5 → 　　) kudasai.

5. Rei : Kodomo ga (nan-nin) imasu ka. ……3-nin imasu.

1) Isu ga ( ) arimasu ka. ……Mittsu arimasu.

2) Mainichi ( ) hatarakimasu ka. ……8-jikan hatarakimasu.

3) Kippu o ( ) kaimasu ka. ……2-mai kaimasu.

4) Ryō ni jitensha ga ( ) arimasu ka. ……5-dai arimasu.

6. Rei : Densha (de) 1-jikan (×) kakarimasu.

1) 1-shūkan ( ) 3-kai ( ) kanojo ni denwa o kakemasu.

2) Kono nimotsu wa Amerika made funabin ( ) ikura desu ka.

3) Nihon ( ) 2-nen ( ) imasu.

4) Ringo ( ) itsutsu ( ) kudasai.
……Hai. 600-en desu.

7. 1) Tanaka-san wa go-shujin to kodomo ga futari imasu. Tanaka-san no kazoku wa zenbu de nan-nin desu ka.
…… ____.

2) Ringo o 15 moraimashita. Yottsu tabemashita. Tonari no uchi no hito ni muttsu agemashita. Ima ringo ga ikutsu arimasu ka.
…… ____.

3) 80-en no kitte o 5-mai to, 50-en no kitte o 5-mai kaimasu. Zenbu de ikura desu ka.
…… ____.

4) Watashi wa Chūgoku-go o 3-kagetsu naraimashita. 1-kagetsu ni 8-kai benkyō-shimashita. 1-kai wa 2-jikan desu. Zenbu de nan-jikan naraimashita ka.
…… ____.

Dai 12 ka

Bunkei

1. Kinō wa ame deshita.
2. Kinō wa samukatta desu.
3. Hokkaidō wa Kyūshū yori ōkii desu.
4. Watashi wa 1-nen de natsu ga ichiban suki desu.

Reibun

1. Kyōto wa shizuka deshita ka.
   …Iie, shizuka ja arimasendeshita.

2. Ryokō wa tanoshikatta desu ka.
   …Hai, totemo tanoshikatta desu.

3. Tenki wa yokatta desu ka.
   …Iie, amari yokunakatta desu.

4. Kinō no pātii wa dō deshita ka.
   …Totemo nigiyaka deshita. Iroirona hito ni aimashita.

5. Tōkyō wa Nyūyōku yori hito ga ōi desu ka.
   …Hai, zutto ōi desu.

6. Kūkō made basu to densha to dochira ga hayai desu ka.
   …Densha no hō ga hayai desu.

7. Umi to yama to dochira ga suki desu ka.
   …Dochira mo suki desu.

8. Nihon-ryōri [no naka] de nani ga ichiban suki desu ka.
   …Tenpura ga ichiban suki desu.

Kaiwa

O-matsuri wa dō deshita ka

Mirā : Tadaima.
Kanrinin : Okaerinasai.
Mirā : Kore, Kyōto no omiyage desu.
Kanrinin : Dōmo sumimasen.
Gionmatsuri wa dō deshita ka.
Mirā : Totemo omoshirokattadesu.
Gaikokujin mo ōkatta desu yo.
Kanrinin : Gionmatsuri wa Kyōto no matsuri de ichiban yūmei desu kara ne.
Mirā : Sō desu ka.
Kanrinin : Shashin o torimashita ka.
Mirā : Ē,100-mai gurai torimashita.
Kanrinin : Sugoi desu ne.
Mirā : Ē. Demo, chotto tsukaremashita.

Renshū A

1. Kinō wa

Kinō wa	yuki deshita.
	hima deshita.
	samukatta desu.

2.

yasumi	deshita		yasumi	ja arimasendeshita
kirei	deshita	→	kirei	ja arimasendeshita
shizuka	deshita		shizuka	ja arimasendeshita

3.

atsu	katta	desu		atsu	kunakatta	desu
oishi	katta	desu	→	oishi	kunakatta	desu
yo	katta	desu		yo	kunakatta	desu

4.

Tōkyō	wa	Ōsaka	yori ōkii desu.
Kono shatsu		sono shatsu	
Santosu-san		Mirā-san	

5.

Sakkā	to	yakyū	to dochira ga omoshiroi desu ka.
Hon		eiga	
Shigoto		benkyō	

……	Sakkā	no hō ga omoshiroi desu.
	Hon	
	Shigoto	

6.

Supōtsu	de	nani	ga ichiban	omoshiroi	desu ka.
Kazoku		dare		genki	
Sekai		doko		kirei	
1-nen		itsu		samui	

Renshū B

1. Rei : kinō · suzushii → Kinō wa suzushikatta desu.
   1) sengetsu · isogashii →
   2) o-matsuri · tanoshii →
   3) kyonen no fuyu · atatakai →
   4) kōen · hito ga ōi →

2. Rei : kinō · ii tenki → Kinō wa ii tenki deshita.
   1) ototoi · ame →
   2) toshokan · yasumi →
   3) senshū · hima →
   4) Nara-kōen · shizuka →

3. Rei 1 : pātii · tanoshii (iie) → Pātii wa tanoshikatta desu ka.
   ……Iie, tanoshikunakatta desu.

   Rei 2 : Santosu-san · genki (hai) → Santosu-san wa genki deshita ka.
   ……Hai, genki deshita.

   1) kabuki · omoshiroi (hai) →
   2) konsāto · ii (iie, amari) →
   3) o-matsuri · nigiyaka (hai, totemo) →
   4) shiken · kantan (iie) →

4. Rei : Kyōto (totemo kirei) → Kyōto wa dō deshita ka.
   ……Totemo kirei deshita.
   1) tenki (kumori) →
   2) Tai-ryōri (karai) →
   3) Hokkaidō (amari samukunai) →
   4) hoteru no heya (totemo suteki) →

5. Rei : Hokkaidō・Ōsaka・suzushii → Hokkaidō wa Ōsaka yori suzushii desu.

   1) kono kaban ・ sono kaban ・ karui →
   2) Honkon ・ Shingapōru ・ chikai →
   3) chikatetsu ・ kuruma ・ hayai →
   4) Mirā-san ・ Santosu-san ・ tenisu ga jōzu →

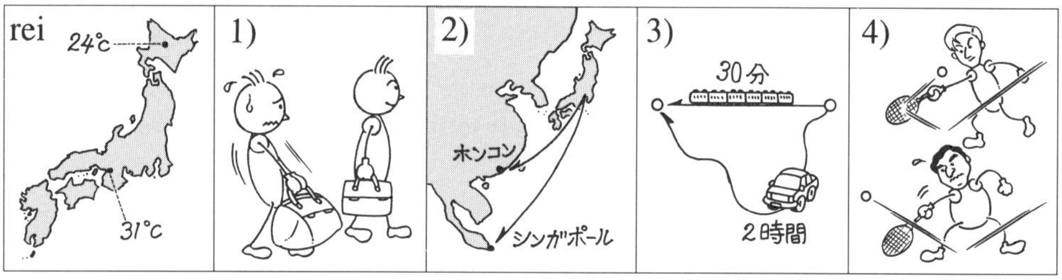

6. Rei : konshū・raishū・hima (raishū) → Konshū to raishū to dochira ga hima desu ka.
   ……Raishū no hō ga hima desu.

   1) kōhii ・ kōcha ・ ii (kōhii) →
   2) ōkii mikan ・ chiisai mikan ・ amai (chiisai mikan) →
   3) otōsan ・ okāsan ・ ryōri ga jōzu (chichi) →
   4) haru ・ aki ・ suki (dochira mo) →

7. Rei : kisetsu ・ suki → Kisetsu de itsu ga ichiban suki desu ka.
   ……Aki ga ichiban suki desu.

   1) supōtsu ・ omoshiroi →
   2) 1-nen ・ atsui →
   3) kazoku ・ uta ga jōzu →
   4) Yōroppa ・ yokatta →

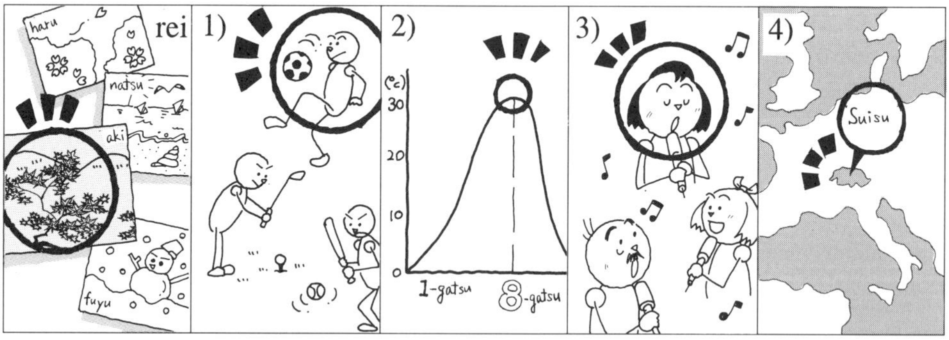

Renshū C

1. A : Kinō hajimete ① o-sushi o tabemashita.
   B : Dō deshita ka.
   A : ② Totemo oishikatta desu.

   1) ① kabuki o mimasu
      ② totemo kirei desu
   2) ① ikebana o shimasu
      ② muzukashii desu
   3) ① Nihon no o-sake o nomimasu
      ② chotto amai desu

2. A : ① Nomimono wa ikaga desu ka.
   B : Arigatō gozaimasu.
   A : ② Kōhii to ③ kōcha to dochira ga ii desu ka.
   B : ② Kōhii o onegai-shimasu.

   1) ① kudamono ② ringo
      ③ mikan
   2) ① nomimono ② wain
      ③ biiru
   3) ① jūsu ② ringo-jūsu
      ③ yasai-jūsu

3. A : Hokkaidō wa itsu ga ichiban ii desu ka.
   B : Sō desu ne.
   ① 10-gatsu ga ichiban ii desu yo.
   ② Momiji no kisetsu desu kara.

   1) ① 6-gatsu
      ② kireina hana ga takusan arimasu
   2) ① 8-gatsu
      ② Hokkaidō no natsu wa suzushii desu
   3) ① 1-gatsu
      ② fuyu no sakana wa oishii desu

Mondai

1. 1) ______________________________

 2) ______________________________

 3) ______________________________

 4) ______________________________

 5) ______________________________

2. 1) (   ) 2) (   ) 3) (   ) 4) (   ) 5) (   )

3. Rei : Kono tamago wa atarashii desu ka. ······Iie, (furui) desu.

 1) Anata no uchi wa eki kara chikai desu ka. ······Iie, (   ) desu.

 2) Nichi-yōbi wa kuruma ga ōi desu ka. ······Iie, (   ) desu.

 3) Sono kamera wa karui desu ka. ······Iie, (   ) desu.

 4) Yakyū ga suki desu ka. ······Iie, (   ) desu.

4. Rei : Umi wa kirei deshita ka.

 ······Iie, amari (kirei ja arimasendeshita).

 1) Tenki wa yokatta desu ka.

 ······Iie, (   ).

 2) Kinō wa ame deshita ka.

 ······Iie, (   ).

 3) Eiga wa omoshirokatta desu ka.

 ······Iie, amari (   ).

 4) Shiken wa kantan deshita ka.

 ······Iie, amari (   ).

 5) Senshū wa isogashikatta desu ka.

 ······Iie, (   ).

5. Rei : Ano hito wa (dare) desu ka. ……Mirā-san desu.

1) Natsu to fuyu to (   ) ga suki desu ka.
……Fuyu no hō ga suki desu.

2) Kazoku de (   ) ga ichiban ryōri ga jōzu desu ka.
……Chichi ga ichiban jōzu desu.

3) Supōtsu de (   ) ga ichiban omoshiroi desu ka.
……Sakkā ga ichiban omoshiroi desu.

4) Nihon de (   ) ga ichiban hito ga ōi desu ka.
……Tōkyō ga ichiban ōi desu.

5) 1-shūkan de (   ) ga ichiban isogashii desu ka.
……Getsu-yōbi ga ichiban isogashii desu.

6. Doko ga ichiban ii desu ka

Watashi no uchi no chikaku ni sūpā ga mittsu arimasu. “Mainichiya” to “ABC-sutoa” to “Japan” desu.

“Mainichiya” wa ichiban chiisai mise desu ga, chikai desu. Uchi kara aruite 5-fun desu. Atarashii sakana ga ōi desu. Yasai ya kudamono mo ōi desu. Gaikoku no mono wa zenzen arimasen.

“ABC-sutoa” wa uchi kara aruite 15-fun kakarimasu. Niku ga ōi desu. Ichiban yasui mise desu. Gaikoku no mono mo arimasu ga, “Japan” yori sukunai desu. Oishii pan ga arimasu.

“Japan” wa ichiban tōi desu. Sakana wa amari ōkunai desu ga, niku ga takusan arimasu. Gaikoku no mono ga ōi desu. Totemo ōkii mise desu. “ABC-sutoa” yori ōkii desu. Mittsu no mise no naka de watashi wa “ABC-sutoa” ga ichiban suki desu.

1) (   ) “Mainichiya” no sakana wa atarashii desu ga, sukunai desu.
2) (   ) “ABC-sutoa” wa “Mainichiya” yori yasui desu.
3) (   ) Mittsu no mise de “Japan” ga ichiban ōkii desu.
4) (   ) “Mainichiya” ni Doitsu no wain ga arimasu.
5) (   ) Watashi no uchi kara “ABC-sutoa” ga ichiban chikai desu.

Dai 13 ka

Bunkei

1. Watashi wa pasokon ga hoshii desu.
2. Watashi wa tenpura o tabetai desu.
   (ga)
3. Watashi wa Furansu e ryōri o narai ni ikimasu.

Reibun

1. Ima nani ga ichiban hoshii desu ka.
   …Uchi ga hoshii desu.

2. Natsu-yasumi ni doko e ikitai desu ka.
   …Okinawa e ikitai desu.

3. Kyō wa tsukaremashita kara, nani mo shitakunai desu.
   …Sō desu ne. Kyō no kaigi wa taihen deshita ne.

4. Kono shūmatsu wa nani o shimasu ka.
   …Kodomo to Kōbe e fune o mi ni ikimasu.

5. Nihon e nan no benkyō ni kimashita ka.
   …Keizai no benkyō ni kimashita.

6. Fuyu-yasumi wa dokoka ikimashita ka.
   …Ē, ikimashita.
   Doko e ikimashita ka.
   …Hokkaidō e sukii ni ikimashita.

Kaiwa

Betsubetsu ni onegai-shimasu

Yamada	:	Mō 12-ji desu yo. Hirugohan o tabe ni ikimasen ka.
Mirā	:	Ē.
Yamada	:	Doko e ikimasu ka.
Mirā	:	Sō desu ne. Kyō wa Nihon-ryōri ga tabetai desu ne.
Yamada	:	Ja, "Tsuruya" e ikimashō.

Mise no hito	:	Go-chūmon wa?
Mirā	:	Watashi wa tenpura-teishoku.
Yamada	:	Watashi wa gyūdon.
Mise no hito	:	Tenpura-teishoku to gyūdon desu ne. Shōshō o-machi kudasai.

Mise no hito	:	1,680-en de gozaimasu.
Mirā	:	Sumimasen. Betsubetsu ni onegai-shimasu.
Mise no hito	:	Hai. Tenpura-teishoku wa 980-en, gyūdon wa 700-en desu.

Renshū A

1. Watashi wa

Watashi wa	kuruma	ga hoshii desu.
	uchi	
	tomodachi	

2.

Watashi wa	kamera o	kai	tai desu.
	kazoku ni	ai	
	gaikoku de	hataraki	
Anata wa		nani o shi	……………ka.

3.

iki	tai	desu	iki	takunai	desu
tabe	tai	desu	tabe	takunai	desu
kekkon-shi	tai	desu	kekkon-shi	takunai	desu

4.

Watashi wa Kōbe e		asobi	ni ikimasu.
	Roshia-ryōri o	tabe	
		kaimono	
		bijutsu no benkyō	
Anata wa ………		nani o shi	…………ka.

13

Renshū B

1. Rei : → Watashi wa kamera ga hoshii desu.

1) → 2) → 3) → 4) →

2. Rei : kamera (chiisai) → Donna kamera ga hoshii desu ka.

……Chiisai kamera ga hoshii desu.

1) kuruma (Doitsu) →
2) kutsu (kuroi) →
3) pasokon (IMC) →
4) uchi (hiroi) →

3. Rei : → Sukiyaki o tabetai desu.

1) → 2) → 3) → 4) →

4. Rei : Nani o kaimasu ka. (bideo) → Nani o kaitai desu ka.

……Bideo o kaitai desu.

1) Itsu Hokkaidō e ikimasu ka. (2-gatsu) →
2) Nani o naraimasu ka. (ikebana) →
3) Dare ni aimasu ka. (ryōshin) →
4) Nani o tabemasu ka. (nani mo) →
5) Donna hon o yomimasu ka. (ryokō no hon) →
6) Nichi-yōbi doko e ikimasu ka. (doko mo) →

5. Rei : → Itaria e uta o narai ni ikimasu.

1) → 2) → 3) → 4) →

6. Rei 1 : kōen e ikimasu · sanpo-shimasu → Kōen e sanpo ni ikimasu.

Rei 2 : Kyōto e ikimasu · hanami o shimasu

→ Kyōto e hanami ni ikimasu.

1) Honkon e ikimasu · kaimono-shimasu →

2) hoteru e ikimasu · shokuji-shimasu →

3) kawa e ikimasu · tsuri o shimasu →

4) shiyakusho e ikimasu · gaikokujin-tōroku o shimasu →

7. Rei : asobimasu (tomodachi no uchi) → Doko e asobi ni ikimasu ka.

……Tomodachi no uchi e asobi ni ikimasu.

1) oyogimasu (hoteru no pūru) →

2) omiyage o kaimasu (depāto) →

3) e o mimasu (Nara no bijutsukan) →

4) shokuji-shimasu (Indo-ryōri no resutoran) →

8. Rei : itsu gaikokujin-tōroku o shimasu ka (kin-yōbi)

→ Itsu gaikokujin-tōroku ni ikimasu ka.

……Kin-yōbi ni ikimasu.

1) nani o kaimasu ka (firumu) →

2) dare ni aimasu ka (Karina-san) →

3) nan-ji goro kodomo o mukaemasu ka (2-ji goro) →

4) dare to tenisu o shimasu ka (kaisha no hito) →

Renshū C

1. A : Sumimasen. "Ohayō-terebi" desu ga,
   ima nani ga ichiban hoshii desu ka.
   B : ① Okane ga hoshii desu.
   ② Rainen kekkon-shimasu kara.
   A : Sō desu ka.
   Dōmo arigatō gozaimashita.

1) ① yasumi ② mainichi isogashii desu
2) ① inu ② sabishii desu
3) ① hiroi uchi ② ima no uchi wa semai desu

2. A : ① Nodo ga kawakimashita ne.
   B : Ē, ② nanika nomitai desu ne.
   A : Ano kissaten ni hairimasen ka.
   B : Ē, sō shimashō.

1) ① onaka ga sukimashita
   ② nanika tabemasu
2) ① tsukaremashita
   ② chotto yasumimasu
3) ① atsui desu
   ② tsumetai mono o nomimasu

3. A : Shūmatsu wa nani o shimashita ka.
   B : ① Ōsaka e ② asobi ni ikimashita.
   A : Dō deshita ka.
   B : Totemo ③ omoshirokatta desu.

1) ① Kōbe ② Indo-ryōri o tabemasu
   ③ oishii desu
2) ① Kyōto ② sakura o mimasu
   ③ kirei desu
3) ① umi ② oyogimasu
   ③ tanoshii desu

Mondai

1. 1) ____________________
   2) ____________________
   3) ____________________
   4) ____________________
   5) ____________________

2. 1) (　　) 2) (　　) 3) (　　) 4) (　　) 5) (　　)

3. Rei : Onaka ga sukimashita kara, nanika (tabetai) desu.

kaerimasu	ikimasu	nomimasu	~~tabemasu~~	nemasu	shimasu

1) Yōji ga arimasu kara, 5-ji ni uchi e (　　　) desu.
2) Ashita wa yasumi desu kara, hiru made (　　　) desu.
3) Nodo ga kawakimashita kara, nanika (　　　) desu.
4) Tsukaremashita kara, nani mo (　　　) desu.
5) Atsui desu kara, doko mo (　　　) desu.

4. Rei : Hirugohan (o) tabemasu.
1) Watashi wa ōkii uchi ( ) hoshii desu.
2) Onaka ( ) ippai desu kara, nani ( ) tabetakunai desu.
3) Kyōto no daigaku ( ) bijutsu ( ) benkyō-shimasu.
4) Nihon ( ) keizai no benkyō ( ) kimashita.
5) Ano kissaten ( ) hairimasen ka.

5. Rei : Kissaten e kōhii o (nomi) ni ikimasu.

kaimono-shimasu	karimasu	oyogimasu	~~nomimasu~~
gaikokujin-tōroku o shimasu	kaimasu		

1) Toshokan e hon o ( ) ni ikimasu.
2) Yūbinkyoku e kitte o ( ) ni ikimashita.
3) Depāto e ( ) ni ikitai desu.
4) Atsui desu kara, pūru e ( ) ni ikimashō.
5) Nihon ni 1-nen imasu kara, shiyakusho e ( ) ni ikimasu.

6. Inu no seikatsu

Watashi wa Tomo desu. Santosu-san no uchi ni imasu. Watashi wa maiasa okusan to sanpo ni ikimasu. 8-ji goro Teresa-chan to gakkō e ikimasu. Sorekara, uchi e kaerimasu. Soshite, okusan to kaimono ni ikimasu. Gogo gakkō e Teresa-chan o mukae ni ikimasu. Sorekara, issho ni kōen e asobi ni ikimasu.

Shūmatsu wa Teresa-chan no gakkō to Santosu-san no kaisha wa yasumi desu. Santosu-san no kazoku wa tōi tokoro e kuruma de asobi ni ikimasu. Watashi mo issho ni ikimasu. Totemo tsukaremasu.

Santosu-san no uchi ni neko mo imasu. Neko wa mainichi nani mo shimasen. Doko mo ikimasen. Watashi wa asa kara ban made isogashii desu. Yasumi ga zenzen arimasen. Watashi wa neko to issho ni yasumitai desu.

1) ( ) Watashi wa okusan to sanpo ya kaimono ni ikimasu.
2) ( ) Teresa-chan wa watashi to issho ni gakkō kara kaerimasu.
3) ( ) Santosu-san no kazoku wa shūmatsu kōen e asobi ni ikimasu.
4) ( ) Neko wa watashi yori hima desu.
5) ( ) Inu no seikatsu wa neko no seikatsu yori yasumi ga ōi desu.

Fukushū B

1. Rei : Ano hito wa (dare) desu ka. ……Mirā-san desu.
   1) Nihon-jin wa ( ) de gohan o tabemasu ka. ……Hashi de tabemasu.
   2) Kimura-san wa ( ) ni denwa o kakemashita ka.
   ……Maria-san ni kakemashita.
   3) "Arigatō" wa Chūgoku-go de ( ) desu ka. ……"谢谢" desu.
   4) Nihon-go no benkyō wa ( ) desu ka. ……Omoshiroi desu.
   5) Watto-san wa ( ) hito desu ka. ……Shizukana hito desu.
   6) Anata no kaban wa ( ) desu ka. ……Are desu.
   7) Mirā-san wa ( ) tabemono ga suki desu ka. ……Niku ga suki desu.
   8) ( ) hayaku kaerimasu ka. ……Yakusoku ga arimasu kara.
   9) Jimusho ni ( ) ga imasu ka. ……Yamada-san ga imasu.
   10) Sūpā no mae ni ( ) ga arimasu ka. ……Resutoran ga arimasu.
   11) Karina-san wa ( ) ni imasu ka. ……Kyōshitsu ni imasu.
   12) Hon-ya wa ( ) ni arimasu ka. ……Ginkō no tonari ni arimasu.
   13) Ringo o ( ) kaimashita ka. ……Itsutsu kaimashita.
   14) Yamada-san wa kodomo ga ( ) imasu ka. ……Hitori imasu.
   15) Kaisha ni konpyūtā ga ( ) arimasu ka.
   ……10-dai arimasu.
   16) Kyōto kara Hiroshima made shinkansen de ( ) kakarimasu ka.
   ……2-jikan gurai kakarimasu.
   17) Nihon ni ( ) imasu ka. ……1-nen han imasu.
   18) Tai wa ( ) deshita ka. ……Totemo atsukatta desu.
   19) Kinō no pātii wa ( ) deshita ka. ……Nigiyaka deshita.
   20) Supōtsu de ( ) ga ichiban suki desu ka.
   ……Sakkā ga ichiban suki desu.
2. Rei : Kore wa watashi (no) kasa desu.
   1) Fakusu ( ) repōto o okurimasu.
   2) Maria-san wa Burajiru no okāsan ( ) denwa o kakemashita.
   3) "Stapler" wa Nihon-go ( ) "hotchikisu" desu.
   4) Watashi wa tomodachi ( ) hon o karimashita.
   5) Mirā-san wa Eigo ( ) repōto o kakimasu.
   6) Pekin wa nigiyaka desu. Shanhai ( ) nigiyaka desu.

7) Watashi no uchi wa shizuka desu ( ), eki kara tōi desu.
8) Kodomo wa chokorēto ( ) suki desu.
9) Mirā-san wa ryōri ( ) jōzu desu.
10) Watashi wa hiragana to katakana ( ) wakarimasu.
11) Yōji ( ) arimasu ( ), hayaku kaerimasu.
12) Eki ( ) mae ( ) ginkō ga arimasu.
13) Hana-ya ( ) hon-ya ( ) aida ( ) kutsu-ya ga arimasu.
14) Niwa ( ) dare ( ) imasen.
15) Hako ( ) naka ( ) nani ( ) arimasen.
16) Matsumoto-san ( ) doko desu ka. ……Kaigishitsu ( ) imasu.
17) Reizōko ( ) tamago ( ) tō arimasu.
18) Ōsaka ( ) Tōkyō ( ) hikōki ( ) 1-jikan kakarimasu.
19) Watashi wa ani ( ) 3-nin imasu.
20) 1-shūkan ( ) 1-kai tenisu o shimasu.
21) Biiru ( ) jūsu ( ), dochira ( ) ii desu ka.
22) Chūgoku wa Nihon ( ) zutto hito ga ōi desu.
23) Kudamono ( ) mikan ( ) ichiban suki desu.
24) Watashi wa atarashii pasokon ( ) hoshii desu.
25) Nodo ( ) kawakimashita.
26) Depāto ( ) purezento o kai ( ) ikimashita.
27) Bijutsukan ( ) kare ( ) aimashita.
28) Karina-san wa Nihon ( ) bijutsu ( ) benkyō ( ) kimashita.
29) Maiasa kōen ( ) sanpo-shimasu.

3. Rei : Ashita issho ni Kyōto e (a. ikimashita ⓑ ikimasen) ka.
……Sumimasen. Ashita wa chotto …….

1) Mō shinbun o (a. yomimasu b. yomimashita) ka.
……Iie, (a. mada desu b. mada deshita).
2) Tanaka-san wa doko desu ka. ……Kaigishitsu ni (a. imasu b. arimasu).
3) Kyōto ni bijutsukan ga (a. ikura b. ikutsu) arimasu ka.
4) Nihon-go no shiken wa (a. dō desu b. dō deshita) ka.
……Totemo muzukashikatta desu.
5) Tenki wa dō deshita ka. ……(a. Yokunakatta desu b. Yokunai desu).
6) Kōbe e nani o shi ni ikimashita ka.
……(a. Fune de ikimashita b. Fune o mi ni ikimashita).

B

Dai 14 ka

Bunkei

1. Chotto matte kudasai.
2. Mirā-san wa ima denwa o kakete imasu.

Reibun

1. Koko ni jūsho to namae o kaite kudasai.
   …Hai, wakarimashita.

2. Ano shatsu o misete kudasai.
   …Hai, dōzo.
   Mō sukoshi ōkii no wa arimasen ka.
   …Hai. Kono shatsu wa ikaga desu ka.

3. Sumimasen ga, kono kanji no yomi-kata o oshiete kudasai.
   …Sore wa "kakitome" desu yo.

4. Atsui desu ne. Mado o akemashō ka.
   …Sumimasen. Onegai-shimasu.

5. Eki made mukae ni ikimashō ka.
   …Iie, kekkō desu. Takushii de ikimasu kara.

6. Satō-san wa doko desu ka.
   …Ima kaigishitsu de Matsumoto-san to hanashite imasu.
   Ja, mata ato de kimasu.

Kaiwa

Umeda made itte kudasai

Karina : Umeda made onegai-shimasu.
Untenshu : Hai.

Karina : Sumimasen. Ano shingō o migi e magatte kudasai.
Untenshu : Migi desu ne.
Karina : Ē.

Untenshu : Massugu desu ka.
Karina : Ē, massugu itte kudasai.

Karina : Ano hana-ya no mae de tomete kudasai.
Untenshu : Hai.
1,800-en desu.
Karina : Kore de onegai-shimasu.
Untenshu : 3,200-en no otsuri desu. Arigatō gozaimashita.

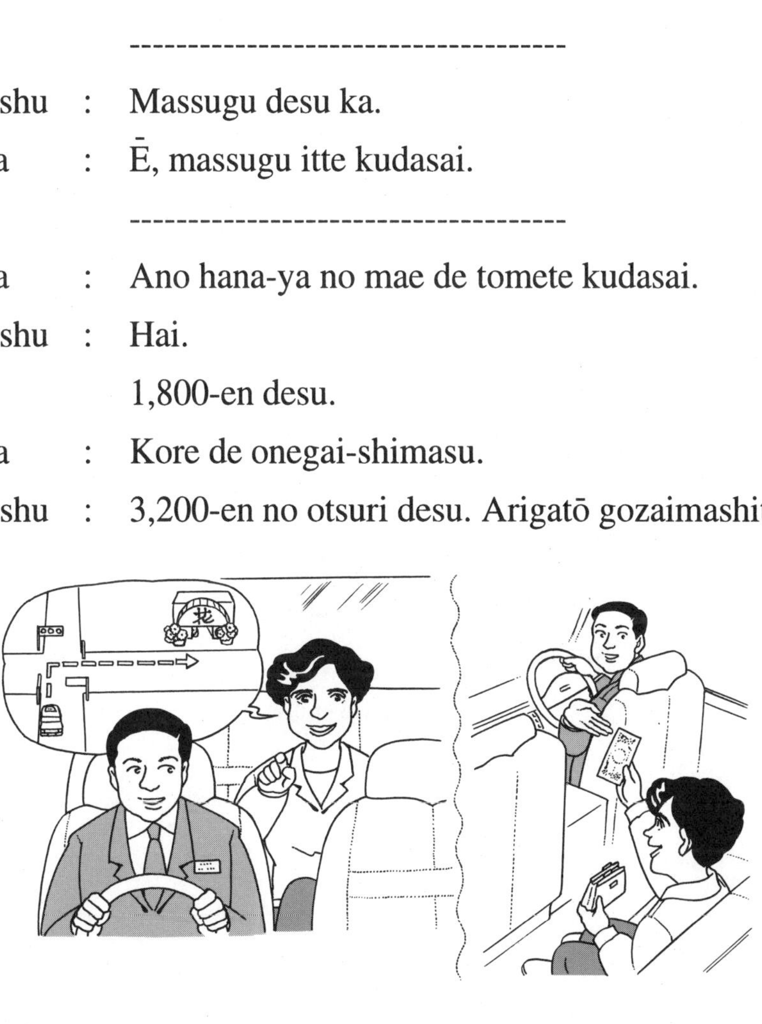

Renshū A

1.

	masu-kei			te-kei		
I	ka	ki	masu	ka	i	te
	i	ki	masu	*i	t	te
	iso	gi	masu	iso	i	de
	no	mi	masu	no	n	de
	yo	bi	masu	yo	n	de
	kae	ri	masu	kae	t	te
	ka	i	masu	ka	t	te
	ma	chi	masu	ma	t	te
	ka	shi	masu	ka	shi	te

	masu-kei		te-kei	
II	tabe	masu	tabe	te
	ne	masu	ne	te
	oki	masu	oki	te
	kari	masu	kari	te
	mi	masu	mi	te
	i	masu	i	te

	masu-kei		te-kei	
III	ki	masu	ki	te
	shi	masu	shi	te
	sanpo-shi	masu	sanpo-shi	te

2.

Hidari e	magatte	kudasai.
	isoide	

3.

Sumimasen ga,	shio o	totte	kudasai.
	denwa-bangō o	oshiete	

4.

	Tetsudai	mashō ka.
Mukae ni	iki	
Satō o	tori	

5.

Mirā-san wa ima	repōto o	yonde	imasu.
	bideo o	mite	
	Nihon-go o	benkyō-shite	
		nani o shite	·········ka.

Renshū B

1. Rei : → Pasupōto o misete kudasai.

 1) → 2) → 3) → 4) →

2. Rei : chotto tetsudaimasu

 → Sumimasen ga, chotto tetsudatte kudasai.

 1) eakon o tsukemasu →

 2) doa o shimemasu →

 3) mō sukoshi yukkuri hanashimasu →

 4) shashin o mō 1-mai torimasu →

3. Rei : mado o akemasu (sukoshi) → Mado o akemashō ka.

 ……Ē, sukoshi akete kudasai.

 1) kore o kopii-shimasu (5-mai) →

 2) repōto o okurimasu (sugu) →

 3) takushii o yobimasu (2-dai) →

 4) ashita mo kimasu (10-ji) →

4. Rei 1 : denki o keshimasu (ē) → Denki o keshimashō ka.

 ……Ē, onegai-shimasu.

 Rei 2 : tetsudaimasu (iie) → Tetsudaimashō ka.

 ……Iie, kekkō desu.

 1) chizu o kakimasu (ē) →

 2) nimotsu o mochimasu (iie) →

 3) eakon o tsukemasu (iie) →

 4) eki made mukae ni ikimasu (ē) →

5. Rei : → Ima tegami o kaite imasu.

1) → 2) → 3) → 4) →

6. Rei : Yamada-san → Yamada-san wa nani o shite imasu ka.

……Kodomo to asonde imasu.

1) Mirā-san → 2) Wan-san →

3) Karina-san → 4) Santosu-san →

7. Rei : Karina-san wa nani o kaite imasu ka. → Hana o kaite imasu.

1) Yamada-san wa dare to asonde imasu ka. →

2) Santosu-san wa doko de nete imasu ka. →

3) Wan-san wa nani o yonde imasu ka. →

4) Mirā-san wa dare to hanashite imasu ka. →

Renshū C

1. A : Sumimasen.
   B : Hai.
   A : Chotto ① bōrupen o kashite kudasai.
   B : ② Hai, dōzo.

   1) ① shio o torimasu
      ② hai, dōzo
   2) ① tetsudaimasu
      ② ii desu yo
   3) ① kono nimotsu o mochimasu
      ② ii desu yo

2. A : ① Nimotsu ga ōi desu ne.
   ② Hitotsu mochimashō ka.
   B : Sumimasen. Onegai-shimasu.

   1) ① atsui desu
      ② mado o akemasu
   2) ① chotto samui desu
      ② eakon o keshimasu
   3) ① ame ga futte imasu
      ② takushii o yobimasu

3. A : Sā, kaigi o hajimemashō.
   Are? Mirā-san wa?
   B : Ima denwa o kakete imasu.
   A : Sō desu ka.
   Ja, chotto machimashō.

   1) Matsumoto-san to hanashimasu
   2) Tōkyō ni repōto o okurimasu
   3) kopii-shimasu

Mondai

1. 1) ____________________
   2) ____________________
   3) ____________________
   4) ____________________
   5) ____________________

2. 1)

① 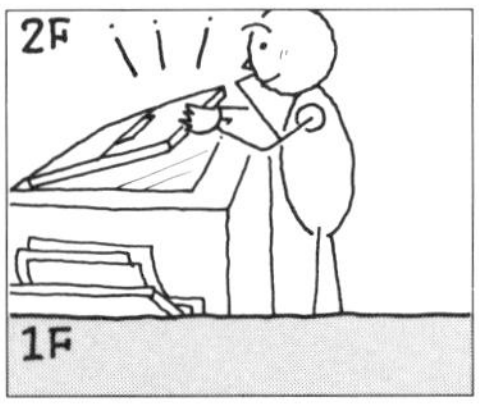

② 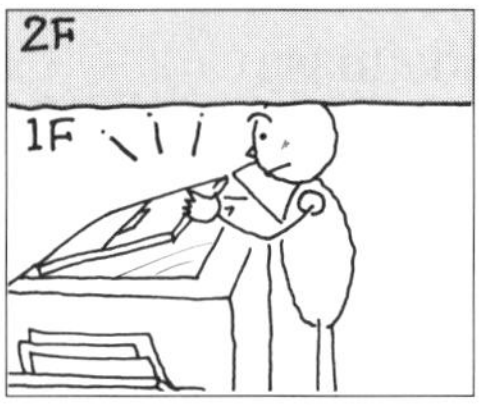

③ 

2)

① 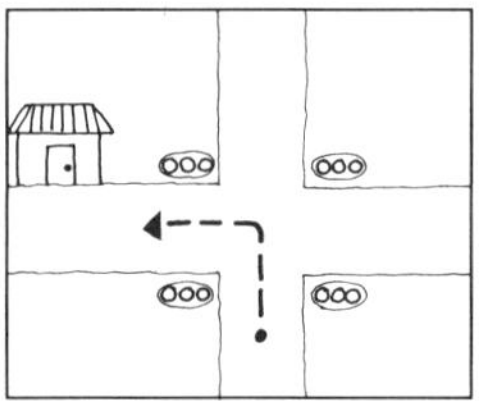

② 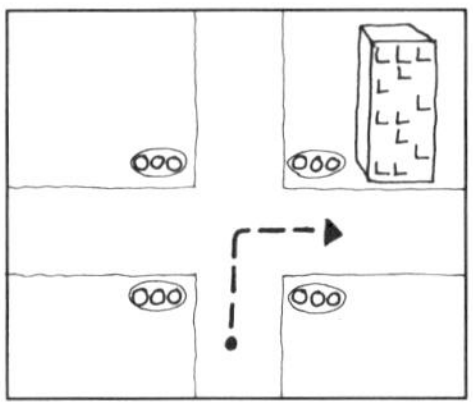

③ 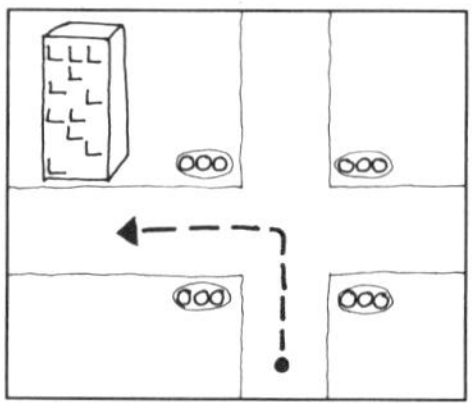

3. 1) (　　) 2) (　　) 3) (　　)

4.

Rei: kakimasu	kaite	7) kaimasu	
1) ikimasu		8) kashimasu	
2) isogimasu		9) tabemasu	
3) nomimasu		10) okimasu	
4) asobimasu		11) mimasu	
5) machimasu		12) benkyō-shimasu	
6) kaerimasu		13) kimasu	

5. Rei : Sumimasen ga, bōrupen o (kashite) kudasai.

shimemasu	~~kashimasu~~	machimasu	kimasu	isogimasu

1) Jikan ga arimasen kara, (　　　) kudasai.
2) Ima, isogashii desu kara, mata ato de (　　　) kudasai.
3) Sā, ikimashō.
……Sumimasen, chotto (　　　) kudasai.
4) Samui desu kara, doa o (　　　) kudasai.

6. Rei : Yamada-san wa ima hirugohan o (tabete) imasu.

furimasu	oyogimasu	~~tabemasu~~	asobimasu	shimasu

1) Teresa-chan wa doko desu ka.
……2-kai desu. Tarō-kun to (　) imasu yo.
2) Ame ga (　) imasu ne. Takushii o yobimashō ka.
3) Santosu-san wa ima nani o (　) imasu ka.
……Pūru de (　) imasu.

7. Tegami

Maria-san o-genki desu ka. Mainichi atsui desu ne. Watashi to Tarō wa ima ryōshin no uchi ni imasu. Ryōshin no uchi wa umi no chikaku ni arimasu. Tarō wa mainichi oyogi ni ikimasu. Tokidoki tsuri mo shimasu. Koko no sakana wa oishii desu. Shūmatsu ni otto mo kimasu.

Maria-san mo Hose-san, Teresa-chan to issho ni asobi ni kite kudasai. Eki made kuruma de mukae ni ikimasu.

Matte imasu.

Yamada Tomoko

1) (　) Tomoko-san wa go-shujin to Tarō-kun to 3-nin de ryōshin no uchi e kimashita.
2) (　) Tarō-kun wa mainichi tsuri o shimasu.
3) (　) Umi no chikaku desu kara, koko no sakana wa oishii desu.
4) (　) Tomoko-san wa kuruma ga arimasen.

Dai 15 ka

Bunkei

1. Shashin o totte mo ii desu.
2. Santosu-san wa pasokon o motte imasu.

Reibun

1. Kono katarogu o moratte mo ii desu ka.
   …Ē, ii desu yo. Dōzo.

2. Kono jisho o karite mo ii desu ka.
   …Sumimasen, chotto ……. Ima tsukatte imasu.

3. Koko de asonde wa ikemasen.
   …Hai.

4. Shiyakusho no denwa-bangō o shitte imasu ka.
   …Iie, shirimasen.

5. Maria-san wa doko ni sunde imasu ka.
   …Ōsaka ni sunde imasu.

6. Wan-san wa dokushin desu ka.
   …Iie, kekkon-shite imasu.

7. O-shigoto wa nan desu ka.
   …Kyōshi desu. Fuji-daigaku de oshiete imasu.
   Senmon wa?
   …Nihon no bijutsu desu.

Kaiwa

Go-kazoku wa?

Mirā : Kyō no eiga wa yokatta desu ne.

Kimura : Ē. Tokuni ano otōsan wa yokatta desu ne.

Mirā : Ē. Watashi wa kazoku o omoidashimashita.

Kimura : Sō desu ka. Mirā-san no go-kazoku wa?

Mirā : Ryōshin to ane ga hitori imasu.

Kimura : Dochira ni irasshaimasu ka.

Mirā : Ryōshin wa Nyūyōku no chikaku ni sunde imasu.
Ane wa Rondon desu.
Kimura-san no go-kazoku wa?

Kimura : 3-nin desu. Chichi wa ginkōin desu.
Haha wa kōkō de Eigo o oshiete imasu.

Renshū A

1.

Enpitsu de	kaite	mo ii desu ka.
Kono denwa o	tsukatte	
Koko ni	suwatte	

2.

O-sake o	nonde	wa ikemasen.
Koko de shashin o	totte	
Koko ni jitensha o	tomete	

3.

Watashi wa	Kyōto ni	sunde	imasu.
	Maria-san o	shitte	
		kekkon-shite	

4.

Mirā-san wa	IMC de	hataraite	imasu.
	kaisha de Eigo o	oshiete	
	Nihon-go gakkō de Nihon-go o	benkyō-shite	

Renshū B

1. Rei : pasokon o tsukaimasu → Pasokon o tsukatte mo ii desu ka.
   1) kaerimasu →
   2) terebi o keshimasu →
   3) tabako o suimasu →
   4) mado o akemasu →

2. Rei : koko de → Koko de tabako o sutte wa ikemasen.
   1) koko de → 2) koko de →
   3) koko ni → 4) koko ni →

3. Rei 1 : Kono kasa o karite mo ii desu ka.
   ……Ē, ii desu yo. Dōzo.
   Rei 2 : Tabako o sutte mo ii desu ka.
   ……Sumimasen. Chotto …….
   1) → 2) → 3) → 4) →

4. Rei 1 : Mirā-san o shitte imasu ka. (hai) → Hai, shitte imasu.

   Rei 2 : Mirā-san wa kuruma o motte imasu ka. (iie)

   → Iie, motte imasen.

   1) Mirā-san wa kekkon-shite imasu ka. (iie) →

   2) Mirā-san wa Ōsaka ni sunde imasu ka. (hai) →

   3) Mirā-san wa jitensha o motte imasu ka. (hai) →

   4) Mirā-san no jūsho o shitte imasu ka. (iie) →

5. Rei : Doko de yasui denki-seihin o utte imasu ka.

   (Ōsaka no Nipponbashi)

   → Ōsaka no Nipponbashi de utte imasu.

   1) IMC wa nani o tsukutte imasu ka. (konpyūtā-sofuto) →

   2) Ano mise de nani o utte imasu ka. (furui fuku) →

   3) Sakura-daigaku wa doko no konpyūtā o tsukatte imasu ka.

   (Pawā-denki) →

   4) Doko de konsāto no chiketto o utte imasu ka.

   (pureigaido) →

6. Rei : Shumitto-san ・ doko ・ hatarakimasu ka (Pawā-denki)

   → Shumitto-san wa doko de hataraite imasu ka.

   ……Pawā-denki de hataraite imasu.

   1) Ii-san ・ nani ・ kenkyū-shimasu ka (keizai) →

   2) Yamada Tomoko-san ・ doko ・ hatarakimasu ka (Appuru-ginkō) →

   3) Karina-san ・ nani ・ benkyō-shimasu ka (bijutsu) →

   4) Watto-san ・ doko ・ oshiemasu ka (Sakura-daigaku) →

Renshū C

1. A : Kono katarogu, moratte mo ii desu ka.
   B : Ē, dōzo.
   A : Dōmo.
   1) shiryō
   2) chizu
   3) jikokuhyō

2. A : Yamada-san no denwa-bangō o shitte imasu ka.
   B : Ē.
   A : Sumimasen ga, oshiete kudasai.
   1) Matsumoto-san no jūsho
   2) yasui tokoya
   3) ii haisha

3. A : O-namae wa?
   B : ① Mirā desu.
   A : O-shigoto wa?
   B : ② Kaishain desu.
   ③ Konpyūtā no kaisha de hataraite imasu.
   1) ① Watto
   ② kyōshi
   ③ daigaku de Eigo o oshiemasu
   2) ① Karina
   ② gakusei
   ③ Fuji-daigaku de benkyō-shimasu
   3) ① Wan
   ② isha
   ③ Kōbe no byōin de hatarakimasu

Mondai

1\. 1) ______________________________

2) ______________________________

3) ______________________________

4) ______________________________

5) ______________________________

2\. 1) ( ) 2) ( ) 3) ( ) 4) ( ) 5) ( )

3\.

Rei :	tabete	tabemasu	5)	karite	
1)	yasunde		6)	mukaete	
2)	shokuji-shite		7)	matte	
3)	kite		8)	hanashite	
4)	kaite		9)	tomete	

4\. Rei : Kono jisho, karite mo ii desu ka.

……Sumimasen, ima tsukatte imasu kara.

mise no mae desu	watashi no ja arimasen	~~ima tsukatte imasu~~
eiga o mitai desu	shiyakusho e gaikokujin-tōroku ni ikimasu	

1) Koko ni kuruma o tomete mo ii desu ka.

……Sumimasen, ______________________ kara.

2) ______________________ kara ashita no gogo yasunde mo ii desu ka.

……Ē, ii desu yo.

3) ______________________ kara terebi o tsukete mo ii desu ka.

……Dōzo.

4) Kono kasa, tsukatte mo ii desu ka.

……Sumimasen, ______________________ kara.

5. Rei 1 : Nihon de 20-sai kara tabako o (suimasu → sutte mo ii desu).

Rei 2 : Erebētā de (asobimasu → asonde wa ikemasen).

1) Toshokan de tabemono o (tabemasu →).

2) Sensei, owarimashita.

……Ja, (kaerimasu →).

3) Shiken desu kara, tonari no hito to (hanashimasu →).

4) Kodomo wa o-sake o (nomimasu →).

6. Rei : Mirā-san wa IMC de (hataraite) imasu.

mochimasu	tsukurimasu	~~hatarakimasu~~	kekkon-shimasu	sumimasu

1) Mirā-san wa Ōsaka ni ( ) imasu.

2) IMC wa konpyūtā-sofuto o ( ) imasu.

3) Mirā-san wa ( ) imasen. Dokushin desu.

4) Mirā-san wa pasokon o ( ) imasu.

7. Watashi wa dare desu ka

Watashi wa totemo samui tokoro ni sunde imasu. Watashi wa akai fuku ga suki desu. Akai fuku wa atatakai desu. Watashi wa 1-nen ni 1-nichi dake hatarakimasu. Sore wa 12-gatsu ni-jū yokka desu. Ni-jū yokka no yoru sutekina purezento o iroirona kuni no kodomo ni agemasu. Watashi wa dokushin desu kara, kodomo ga imasen. Demo sekai no kodomo wa minna watashi o shitte imasu. Soshite 12-gatsu ni-jū yokka no yoru watashi no purezento o matte imasu. Watashi wa kono shigoto ga totemo suki desu.

Rei : Kono hito no uchi wa donna tokoro ni arimasu ka.

……Samui tokoro ni arimasu.

1) Kono hito wa kekkon-shite imasu ka. ……

2) Kono hito wa itsu shigoto o shimasu ka. ……

3) Kono hito no namae o shitte imasu ka. ……

4) Anata mo kono hito ni purezento o moraimashita ka. ……

Dai 16 ka

Bunkei

1. Asa jogingu o shite, shawā o abite, kaisha e ikimasu.
2. Konsāto ga owatte kara, resutoran de shokuji o shimashita.
3. Ōsaka wa tabemono ga oishii desu.
4. Kono pasokon wa karukute, benri desu.

Reibun

1. Kinō nani o shimashita ka.
   ···Toshokan e itte, hon o karite, sorekara tomodachi ni aimashita.

2. Daigaku made dōyatte ikimasu ka.
   ···Kyōto-eki kara 16-ban no basu ni notte, Daigaku-mae de orimasu.

3. Kuni e kaette kara, nani o shimasu ka.
   ···Chichi no kaisha de hatarakimasu.

4. Santosu-san wa dono hito desu ka.
   ···Ano se ga takakute, kami ga kuroi hito desu.

5. Nara wa donna machi desu ka.
   ···Shizuka de, kireina machi desu.

6. Ano hito wa dare desu ka.
   ···Karina-san desu. Indoneshia-jin de, Fuji-daigaku no ryūgakusei desu.

Kaiwa

Tsukai-kata o oshiete kudasai

Maria : Sumimasen ga, chotto tsukai-kata o oshiete kudasai.

Ginkōin : O-hikidashi desu ka.

Maria : Sō desu.

Ginkōin : Ja, mazu koko o oshite kudasai.

Maria : Hai.

Ginkōin : Kyasshu-kādo wa arimasu ka.

Maria : Hai, kore desu.

Ginkōin : Sore o koko ni irete, anshō-bangō o oshite kudasai.

Maria : Hai.

Ginkōin : Tsugi ni kingaku o oshite kudasai.

Maria : 5-man-en desu ga, 5…….

Ginkōin : Kono "man" "en" o oshimasu.
Sorekara kono kakunin-botan o oshite kudasai.

Maria : Hai. Dōmo arigatō gozaimashita.

Renshū A

1.

Ashita Kōbe e	itte,	eiga o	mite,	kaimono-shimasu.
Kinō hon o	yonde,	tegami o	kaite,	nemashita.
Nichi-yōbi 10-ji goro	okite,		sanpo-shite,	shokuji-shimasu.

2.

Denwa o	kakete	kara,	tomodachi no uchi e ikimasu.
Shigoto ga	owatte		oyogimasu.
Uchi e	kaette		bangohan o tabemashita.

3.

Karina-san wa	se	ga	takai	desu.
	me		ōkii	
	kami		mijikai	

4.

Mirā-san wa		wakakute,	genki desu.
	atama ga	yokute,	omoshiroi desu.
		hansamu de,	shinsetsu desu.
		28-sai de,	dokushin desu.

Renshū B

1. Rei : nichi-yōbi Nagoya e ikimasu · tomodachi ni aimasu
   → Nichi-yōbi Nagoya e itte, tomodachi ni aimasu.
   1) shiyakusho e ikimasu · gaikokujin-tōroku o shimasu →
   2) hiru 1-jikan yasumimasu · gogo 5-ji made hatarakimasu →
   3) Kyōto-eki kara JR ni norimasu · Ōsaka de chikatetsu ni norikaemasu →
   4) sandoitchi o kaimashita · Ōsakajō-kōen de tabemashita →

2. Rei : → 6-ji ni okite, sanpo-shite, sorekara asagohan o tabemashita.
   1) → 2) → 3) →

3. Rei : denwa o kakemasu · tomodachi no uchi e ikimasu
   → Denwa o kakete kara, tomodachi no uchi e ikimasu.
   1) ginkō de okane o dashimasu · kaimono ni ikimasu →
   2) shigoto ga owarimasu · nomi ni ikimasen ka →
   3) okane o iremasu · botan o oshite kudasai →
   4) Nihon e kimashita · Nihon-go no benkyō o hajimemashita →

4. Rei : daigaku o demasu (gaikoku e ikimasu · hatarakimasu)
→ Daigaku o dete kara, nani o shimasu ka.
……Gaikoku e itte, hatarakimasu.

1) o-tera o mimasu (Nara-kōen e ikimasu · hirugohan o tabemasu) →
2) kaisha o yamemasu (Ajia o ryokō-shimasu · hon o kakimasu) →
3) kuni e kaerimasu (daigaku ni hairimasu · kuni no keizai o benkyō-shimasu) →
4) kenkyū ga owarimasu (Amerika e kaerimasu · daigaku de hatarakimasu) →

5. Rei 1 : kono kamera · ōkii · omoi → Kono kamera wa ōkikute, omoi desu.
Rei 2 : Mirā-san · hansamu · shinsetsu → Mirā-san wa hansamu de, shinsetsu desu.

1) watashi no heya · semai · kurai →
2) Okinawa no umi · aoi · kirei →
3) Tōkyō · nigiyaka · omoshiroi →
4) Mirā-san · 28-sai · dokushin →

6. Rei : Maria-san wa dono hito desu ka. (ano · kami ga nagai · kirei)
→ Ano kami ga nagakute, kireina hito desu.

1) Santosu-san wa dono hito desu ka. (ano · kami ga kuroi · me ga ōkii) →
2) Mirā-san wa donna hito desu ka. (se ga takai · suteki) →
3) Nara wa donna machi desu ka. (shizuka · midori ga ōi) →
4) Hokkaidō wa donna tokoro desu ka. (kirei · tabemono ga oishii) →

7. Rei : Kinō no pātii wa dō deshita ka. (nigiyaka · tanoshii)
→ Nigiyaka de, tanoshikatta desu.

1) Ōsaka wa dō desu ka. (kuruma ga ōi · midori ga sukunai) →
2) Ryō wa dō desu ka. (heya ga kirei · akarui) →
3) Ryokō wa dō deshita ka. (tenki ga ii · tanoshii) →
4) Hoteru wa dō deshita ka. (shizuka · sābisu ga ii) →

Renshū C

1. A : Kinō wa dokoka ikimashita ka.
   B : Ē, Kyōto e ikimashita.
   A : Sō desu ka. Kyōto e itte, nani o shimashita ka.
   B : Tomodachi ni atte, ① shokuji-shite, sorekara issho ni ② o-tera o mimashita.

   1) ① bijutsukan e ikimasu
      ② kissaten de hanashimasu
   2) ① ocha o nomimasu
      ② kōen o sanpo-shimasu
   3) ① furui jinja o mimasu
      ② kaimono ni ikimasu

2. A : Nihon-go ga jōzu desu ne.
   Donokurai benkyō-shimashita ka.
   B : 1-nen gurai desu.
   Nihon e kite kara, hajimemashita.
   A : Sō desu ka. Sugoi desu ne.
   B : Iie, madamada desu.

   1) daigaku o demasu
   2) kono kaisha ni hairimasu
   3) kekkon-shimasu

3. A : ① Indoneshia no Bandon kara kimashita.
   B : ① Bandon? Donna tokoro desu ka.
   A : Sō desu ne. ② Midori ga ōkute, kireina tokoro desu.

   1) ① Mekishiko no Berakurusu
      ② umi ga chikai desu
   2) ① Doitsu no Furanken
      ② wain ga yūmei desu
   3) ① Betonamu no Fue
      ② o-tera ga takusan arimasu

Mondai

1. 1) ______________________________
   2) ______________________________
   3) ______________________________
   4) ______________________________
   5) ______________________________

2. 1) ①
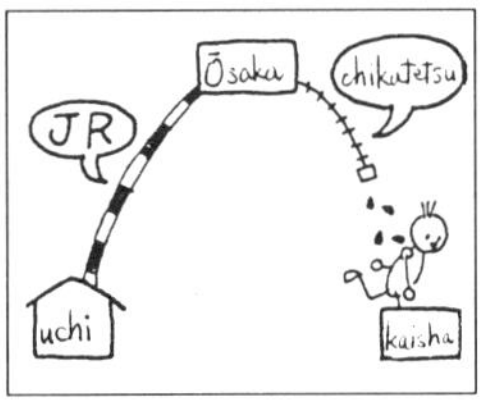

②
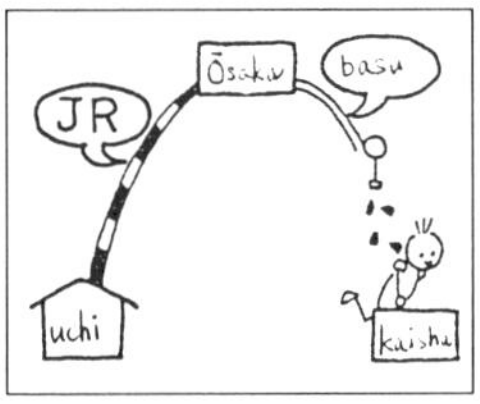

③
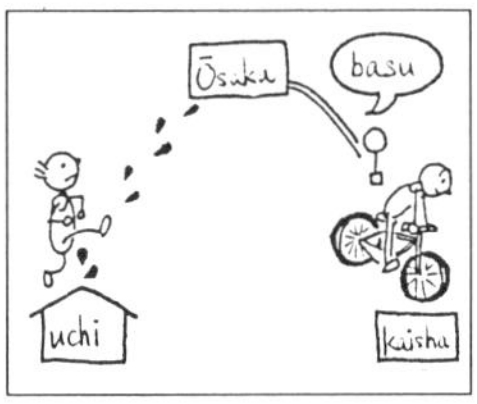

   2) ①

②

③

3. 1) (　　) 2) (　　) 3) (　　)

4. Rei : Mirā-san wa se (ga) takai desu.
   1) Kuni e kaette kara, daigaku (　　) haitte, keizai no kenkyū o shimasu.
   2) Ōsaka-eki kara JR (　　) notte, Kyōto-eki de orimasu.
   3) Kyōto de furui o-tera (　　) mimashita.
   4) Nihon wa yama (　　) ōi desu.
   5) Hokkaidō wa kirei de, tabemono (　　) oishii desu.
   6) Kaisha (　　) yamete kara, nani o shimasu ka.
   7) Jogingu o shite, shawā (　　) abite, gakkō e ikimasu.
   8) Daigaku (　　) dete kara, chichi no kaisha (　　) hatarakimasu.

5. Rei : Mado o (shimete), denki o keshite, nemashita.

~~shimemasu~~ dashimasu norimasu abimasu ikimasu norikaemasu

1) Depāto e ( ), kaimono-shite, sorekara eiga o mimasu.
2) Ginkō de okane o ( ) kara, kaimono ni ikimasu.
3) Nipponbashi kara chikatetsu ni ( ), Ōsaka-eki de JR ni ( ), Kōshien de orimasu.
4) Shawā o ( ) kara, pūru ni haitte kudasai.

6. Rei : Nara wa midori ga (ōkute), kireina machi desu.

ii desu ~~ōi desu~~ karui desu nigiyaka desu gakusei desu

1) Karina-san wa Fuji-daigaku no ( ), bijutsu o benkyō-shite imasu.
2) Satō-san wa atama ga ( ), sutekina hito desu.
3) Atarashii pasokon wa ( ), benri desu.
4) Tōkyō wa ( ), omoshiroi machi desu.

7. Ōsaka, Kōbe, Kyōto, Nara

Ōsaka wa ōkii machi desu. Biru ya kuruma ya hito ga ōkute, nigiyaka desu. Kōbe to Kyōto to Nara wa Ōsaka kara chikai desu. Kyōto to Nara wa furui o-tera ya jinja ga takusan arimasu kara, gaikokujin mo takusan asobi ni kimasu.

Kōbe wa furui mono ga amari arimasen ga, machi no ushiro ni yama ga, mae ni umi ga atte, sutekina machi desu. Wakai hito wa Kōbe ga suki desu.

Ōsaka ni kūkō ga futatsu arimasu. Atarashii kūkō wa umi no ue ni atte, hirokute, kirei desu.

1) ( ) Ōsaka wa furui o-tera ga takusan atte, shizukana machi desu.
2) ( ) Kyōto to Nara de gaikokujin o takusan mimasu.
3) ( ) Kōbe no chikaku ni umi to yama ga arimasu.
4) ( ) Ōsaka no atarashii kūkō wa kirei desu ga, semai desu.

17

Dai 17 ka

Bunkei

1. Koko de shashin o toranai de kudasai.
2. Pasupōto o misenakereba narimasen.
   (misenai to ikemasen)
3. Repōto wa dasanakute mo ii desu.

Reibun

1. Soko ni kuruma o tomenai de kudasai.
   …Sumimasen.

2. Sensei, o-sake o nonde mo ii desu ka.
   …Iie, 2, 3-nichi nomanai de kudasai.
   Hai, wakarimashita.

3. Konban nomi ni ikimasen ka.
   …Sumimasen. Kyō wa tsuma to yakusoku ga arimasu.
   Desukara, hayaku kaeranakereba narimasen.

4. Repōto wa itsu made ni dasanakereba narimasen ka.
   …Kin-yōbi made ni dashite kudasai.

5. Kodomo mo okane o harawanakereba narimasen ka.
   …Iie, harawanakute mo ii desu.

Kaiwa

Dō shimashita ka

Isha : Dō shimashita ka.

Matsumoto : Kinō kara nodo ga itakute, netsu mo sukoshi arimasu.

Isha : Sō desu ka. Chotto kuchi o akete kudasai.

Isha : Kaze desu ne. Yukkuri yasunde kudasai.

Matsumoto : Anō, ashita kara Tōkyō e shutchō-shinakereba narimasen.

Isha : Ja, kusuri o nonde, kyō wa hayaku nete kudasai.

Matsumoto : Hai.

Isha : Sorekara konban wa o-furo ni hairanai de kudasai.

Matsumoto : Hai, wakarimashita.

Isha : Ja, odaiji ni.

Matsumoto : Dōmo arigatō gozaimashita.

Renshū A

1.

	masu-kei			nai-kei		
I	su	i	masu	su	wa	nai
	i	ki	masu	i	ka	nai
	iso	gi	masu	iso	ga	nai
	hana	shi	masu	hana	sa	nai
	ma	chi	masu	ma	ta	nai
	yo	bi	masu	yo	ba	nai
	no	mi	masu	no	ma	nai
	kae	ri	masu	kae	ra	nai

	masu-kei		nai-kei	
II	tabe	masu	tabe	nai
	ire	masu	ire	nai
	i	masu	i	nai
	oki	masu	oki	nai
	abi	masu	abi	nai
	mi	masu	mi	nai
	kari	masu	kari	nai
	ori	masu	ori	nai

	masu-kei			nai-kei		
III		ki	masu		ko	nai
		shi	masu		shi	nai
	shinpai	shi	masu	shinpai	shi	nai

2. Tabako o / Pasupōto o / Kasa o — suwa / nakusa / wasure — nai de kudasai.

Tabako o	suwa	nai de kudasai.
Pasupōto o	nakusa	
Kasa o	wasure	

3.

Hon o	kaesa	nakereba narimasen.
Kusuri o	noma	
	Zangyō-shi	

4.

Namae o	kaka	nakute mo ii desu.
Kutsu o	nuga	
Ashita	ko	

5.

Repōto	wa	ashita kakimasu.
Shiryō		fakusu de okutte kudasai.
Kopii		Matsumoto-san ni misenakereba narimasen.

Renshū B

1. Rei : koko ni → Koko ni jitensha o okanai de kudasai.
    1) koko ni → 2) koko ni →
    3) koko de → 4) koko de →

2. Rei : kin'en desu・tabako o suimasen
    → Kin'en desu kara, tabako o suwanai de kudasai.
    1) abunai desu・oshimasen →
    2) daijōbu desu・shinpai-shimasen →
    3) taisetsu na shiryō desu・nakushimasen →
    4) toshokan no hon desu・nani mo kakimasen →

3. Rei : hayaku uchi e kaerimasu → Hayaku uchi e kaeranakereba narimasen.
    1) mainichi kanji o muttsu oboemasu →
    2) pasupōto o misemasu →
    3) shiyakusho e gaikokujin-tōroku ni ikimasu →
    4) do-yōbi made ni hon o kaeshimasu →

4. Rei : nan-ji made ni ryō e kaerimasu ka (12-ji)
    → Nan-ji made ni ryō e kaeranakereba narimasen ka.
    ……12-ji made ni kaeranakereba narimasen.
    1) nan-yōbi made ni sono hon o kaeshimasu ka (sui-yōbi) →
    2) nan-mai repōto o kakimasu ka (15) →
    3) mainichi ikutsu mondai o shimasu ka (10) →
    4) 1-nichi ni nan-kai kusuri o nomimasu ka (3) →

5. Rei : takushii o yobimasen → Takushii o yobanakute mo ii desu.

1) kyō wa shokuji o tsukurimasen →

2) ashita wa byōin e kimasen →

3) kasa o motte ikimasen →

4) koko de kutsu o nugimasen →

6. Rei 1 : yōji ga arimasu・dekakemasu

→ Yōji ga arimasu kara, dekakenakereba narimasen.

Rei 2 : warui byōki ja arimasen・shinpai-shimasen

→ Warui byōki ja arimasen kara, shinpai-shinakute mo ii desu.

1) netsu ga arimasu・byōin e ikimasu →

2) kaisha no hito wa Eigo ga wakarimasen・Nihon-go de hanashimasu →

3) ashita wa yasumi desu・hayaku okimasen →

4) amari atsukunai desu・eakon o tsukemasen →

7. Rei 1 : raishū shutchō-shimasu (hai)

→ Raishū shutchō-shinakereba narimasen ka.

……Hai, shutchō-shinakereba narimasen.

Rei 2 : repōto o dashimasu (iie)

→ Repōto o dasanakereba narimasen ka.

……Iie, dasanakute mo ii desu.

1) pasupōto o motte ikimasu (hai) →

2) ima okane o haraimasu (iie) →

3) konban zangyō-shimasu (hai) →

4) ashita mo kimasu (iie) →

8. Rei : koko ni <u>nimotsu o</u> okanai de kudasai

→ <u>Nimotsu wa</u> koko ni okanai de kudasai.

1) <u>bōrupen o</u> tsukawanai de kudasai →

2) koko ni <u>kotae o</u> kaite kudasai →

3) soto de <u>tabako o</u> sutte kudasai →

4) <u>kiraina mono o</u> tabenakute mo ii desu →

Renshū C

1. A : Sensei, o-furo ni haitte mo ii desu ka.
   B : Iie, 2, 3-nichi hairanai de kudasai.
   A : Hai, wakarimashita.

   1) shawā o abimasu
   2) o-sake o nomimasu
   3) supōtsu o shimasu

2. A : ① Hirugohan o tabe ni ikimasen ka.
   B : Sumimasen.
   Korekara ② byōin e ikanakereba narimasen.

   1) ① biiru o nomimasu
      ② dekakemasu
   2) ① yakyū o shimasu
      ② repōto o kakimasu
   3) ① sakkā o mimasu
      ② kūkō e tomodachi o mukae ni ikimasu

3. A : ① Raishū no getsu-yōbi ni kite kudasai.
   ② Konshū wa ① konakute mo ii desu.
   B : Hai, wakarimashita.

   1) ① uwagi o nugimasu
      ② shitagi
   2) ① kusuri wa asa dake nomimasu
      ② yoru
   3) ① kono kādo o motte kimasu
      ② hokenshō

Mondai

1. 1) ______________________

2) ______________________

3) ______________________

4) ______________________

5) ______________________

2. 1) ( ) 2) ( ) 3) ( ) 4) ( ) 5) ( )

17

3.

Rei :	yomimasu	yomanai	8)	wasuremasu	
1)	ikimasu		9)	oboemasu	
2)	nugimasu		10)	(6-ji ni) okimasu	
3)	kaeshimasu		11)	karimasu	
4)	mochimasu		12)	mimasu	
5)	yobimasu		13)	shimasu	
6)	hairimasu		14)	shinpai-shimasu	
7)	haraimasu		15)	(Nihon e) kimasu	

4. Rei : Koko wa kin'en desu kara, tabako o (suwanai de) kudasai.

akemasu	ikimasu	shinpai-shimasu	~~suimasu~~	nakushimasu	hairimasu

1) Abunai desu kara, sochira e ( ) kudasai.
2) Kono shiryō wa taisetsu desu kara, ( ) kudasai.
3) Samui desu kara, mado o ( ) kudasai.
4) Netsu ga arimasu kara, o-furo ni ( ) kudasai.
5) Ryō no seikatsu wa tanoshii desu kara, ( ) kudasai.

5. Rei 1 : Kaisha o yasumimasu kara, denwa o (kakemasu → kakenakereba narimasen).

Rei 2 : Do-yōbi wa yasumi desu kara, kaisha e (ikimasu → ikanakute mo ii desu).

1) Niku ya sakana wa reizōko ni (iremasu →).
2) Ashita wa byōin e (kimasu →). Asatte kite kudasai.
3) Nihon no uchi de kutsu o (nugimasu →).
4) Hon o (kaeshimasu →) kara, korekara toshokan e ikimasu.
5) Repōto wa kyō (dashimasu →). Raishū no getsu-yōbi made ni dashite kudasai.

6.

Nihon-go no shiken
12-gatsu kokonoka (getsu-yōbi) gozen 9:00 ～ 12:00
① 8-ji 40-pun made ni kyōshitsu ni haitte kudasai.
② Tsukue no bangō o mite, anata no bangō no tokoro ni suwatte kudasai.
③ Enpitsu to keshigomu dake tsukue no ue ni oite kudasai.
④ "Mondai" wa zenbu de 9-mai arimasu. Ichiban ue no kami ni anata no bangō to namae o kaite kudasai.
⑤ Kotae wa enpitsu de kaite kudasai. Bōrupen wa tsukawanai de kudasai.

1) ( ) 8-ji 40-pun made ni kyōshitsu e konakereba narimasen.
2) ( ) Tsukue no bangō o kakunin-shite, suwarimasu.
3) ( ) Tsukue no ue ni kaban o oite mo ii desu.
4) ( ) "Mondai" no kami ni anata no bangō wa kakanakute mo ii desu.
5) ( ) Kotae wa enpitsu de kakanakereba narimasen.

Dai 18 ka

Bunkei

1. Mirā-san wa kanji o yomu koto ga dekimasu.
2. Watashi no shumi wa eiga o miru koto desu.
3. Neru mae ni, nikki o kakimasu.

Reibun

1. Sukii ga dekimasu ka.
   …Hai, dekimasu. Demo, amari jōzu ja arimasen.

2. Maria-san wa pasokon o tsukau koto ga dekimasu ka.
   …Iie, dekimasen.

3. Ōsakajō wa nan-ji made kengaku ga dekimasu ka.
   …5-ji made desu.

4. Kādo de harau koto ga dekimasu ka.
   …Sumimasen ga, genkin de onegai-shimasu.

5. Shumi wa nan desu ka.
   …Furui tokei o atsumeru koto desu.

6. Nihon no kodomo wa gakkō ni hairu mae ni, hiragana o oboenakereba narimasen ka.
   …Iie, oboenakute mo ii desu.

7. Shokuji no mae ni, kono kusuri o nonde kudasai.
   …Hai, wakarimashita.

8. Itsu kekkon-shimashita ka.
   …3-nen mae ni, kekkon-shimashita.

Kaiwa

Shumi wa nan desu ka

Yamada	:	Santosu-san no shumi wa nan desu ka.
Santosu	:	Shashin desu.
Yamada	:	Donna shashin o torimasu ka.
Santosu	:	Dōbutsu no shashin desu. Tokuni uma ga suki desu.
Yamada	:	Hē, sore wa omoshiroi desu ne.
		Nihon e kite kara, uma no shashin o torimashita ka.
Santosu	:	Iie.
		Nihon de wa nakanaka uma o miru koto ga dekimasen.
Yamada	:	Hokkaidō ni uma no bokujō ga takusan arimasu yo.
Santosu	:	Hontō desu ka.
		Ja, natsu-yasumi ni zehi ikitai desu.

18

Renshū A

1.

	masu-kei			jisho-kei	
I	ka	i	masu	ka	u
	ka	ki	masu	ka	ku
	oyo	gi	masu	oyo	gu
	hana	shi	masu	hana	su
	ta	chi	masu	ta	tsu
	yo	bi	masu	yo	bu
	yo	mi	masu	yo	mu
	hai	ri	masu	hai	ru

	masu-kei		jisho-kei	
II	ne	masu	ne	ru
	tabe	masu	tabe	ru
	oki	masu	oki	ru
	mi	masu	mi	ru
	kari	masu	kari	ru

	masu-kei			jisho-kei	
III		ki	masu		kuru
		shi	masu		suru
	unten	shi	masu	unten	suru

2. Mirā-san wa Nihon-go / kuruma no unten / kanji o yomu koto / piano o hiku koto ga dekimasu.

3. Koko de kopii / hoteru no yoyaku / kippu o kau koto / okane o kaeru koto ga dekimasu.

4. Watashi no shumi wa supōtsu / ryokō / shashin o toru koto / hon o yomu koto desu.

5.

	Neru	mae ni,	hon o yomimasu.
Nihon e	kuru		Nihon-go o benkyō-shimashita.
	Shokuji no		te o araimasu.
	Kurisumasu no		purezento o kaimasu.
	5-nen		Nihon e kimashita.

Renshū B

1. Rei : tenisu → Mirā-san wa tenisu ga dekimasu.

   1) unten →　　　　2) ryōri →

   3) sakkā →　　　　4) dansu →

2. Rei 1 : → Hiragana o kaku koto ga dekimasu ka.

   ······Hai, dekimasu.

   Rei 2 : → Kanji o yomu koto ga dekimasu ka.

   ······Iie, dekimasen.

   1) →　　2) →　　3) →　　4) →

3. Rei 1 : shinkansen de shokuji (hai) → Shinkansen de shokuji ga dekimasu ka.

   ······Hai, dekimasu.

   Rei 2 : kādo de haraimasu (iie)

   → Kādo de harau koto ga dekimasu ka.

   ······Iie, dekimasen.

   1) ryō no heya de ryōri (iie) →
   2) denwa de hikōki no yoyaku (hai) →
   3) toshokan de jisho o karimasu (iie) →
   4) hoteru kara basu de kūkō e ikimasu (hai) →

4. Rei : donna gaikokugo o hanashimasu ka (Eigo)

   → Donna gaikokugo o hanasu koto ga dekimasu ka.

   ······Eigo o hanasu koto ga dekimasu.

   1) nan-mētoru gurai oyogimasu ka (100-mētoru gurai) →
   2) donna ryōri o tsukurimasu ka (tenpura) →
   3) donokurai hon o karimasu ka (2-shūkan) →
   4) nan-ji made kuruma o tomemasu ka (yoru 10-ji) →

5. Rei : → Shumi wa nan desu ka.

……E o kaku koto desu.

1) → 2) → 3) → 4) →

6. Rei : → Neru mae ni, o-inori o shimasu.

1) → 2) → 3) → 4) →

7. Rei : kono kusuri o nomimasu (nemasu) → Itsu kono kusuri o nomimasu ka.

……Neru mae ni, nomimasu.

1) jogingu o shimasu (kaisha e ikimasu) →
2) sono kamera o kaimashita (Nihon e kimasu) →
3) shiryō o kopii-shimasu (kaigi) →
4) kuni e kaerimasu (Kurisumasu) →
5) Nihon e kimashita (5-nen) →
6) nimotsu o okurimashita (mikka) →

Renshū C

1. A : ① Kono denwa de kokusai-denwa o kakeru koto ga dekimasu ka.
   B : Iie. Sumimasen ga, ② achira no denwa de kakete kudasai.
   A : Sō desu ka.

   1) ① kono kādo de haraimasu
      ② genkin de haraimasu
   2) ① heya de bideo o mimasu
      ② robii no terebi de mimasu
   3) ① koko de shinkansen no kippu o kaimasu
      ② eki de kaimasu

2. A : Shumi wa nan desu ka.
   B : ① Eiga o miru koto desu.
   A : Donna ① eiga o mimasu ka.
   B : ② Furansu-eiga desu.
   A : Sō desu ka.

   1) ① uta o utaimasu ② Biitoruzu no uta
   2) ① e o kakimasu ② yama no e
   3) ① shashin o torimasu ② hana no shashin

3. A : Kono ① shiryō, ② kaigishitsu e motte ikimashō ka.
   B : A, chotto matte kudasai.
   ② Motte iku mae ni,
   ③ buchō ni misete kudasai.
   A : Hai.

   1) ① repōto
      ② kyō dashimasu
      ③ kopii-shimasu
   2) ① shiryō ② Tōkyō ni okurimasu
      ③ kachō ni misemasu
   3) ① katarogu ② mō sutemasu
      ③ koko o kopii-shimasu

Mondai

1. 1) ______________________________
   2) ______________________________
   3) ______________________________
   4) ______________________________
   5) ______________________________

2. 1) (   )   2) (   )   3) (   )   4) (   )   5) (   )

3.

Rei : oyogimasu	oyogu	8) atsumemasu	
1) hikimasu		9) sutemasu	
2) hanashimasu		10) mimasu	
3) mochimasu		11) abimasu	
4) asobimasu		12) shimasu	
5) nomimasu		13) unten-shimasu	
6) hairimasu		14) (Nihon e) kimasu	
7) utaimasu		15) motte kimasu	

4. Rei : 100-mētoru (×) oyogu koto (ga) dekimasu.
   1) Kuruma (   ) unten (   ) dekimasu.
   2) Kanji (   ) 50 gurai kaku koto (   ) dekimasu.
   3) Kaigi (   ) mae ni, shiryō o kopii-shinakereba narimasen.
   4) 2-nen (   ) mae ni, daigaku o demashita.

5. Rei : Watashi wa piano o (hiku) koto ga dekimasu.

kakimasu	kaemasu	norimasu	~~hikimasu~~	yoyaku-shimasu

   1) Watashi wa jitensha ni (   ) koto ga dekimasen.
   2) Denwa de hikōki no chiketto o (   ) koto ga dekimasu.

3) Shumi wa e o ( ) koto desu.
4) Doko de okane o ( ) koto ga dekimasu ka.

6. Rei 1 : Tomodachi no uchi e (ikimasu → iku mae ni), denwa o kakemasu.
Rei 2 : Shigoto ga (owarimasu → owatte kara), nomi ni ikimasu.
1) Asa uchi de kōhii o (nomimasu →), kaisha e ikimasu.
2) Ryōri o (hajimemasu →), te o araimasu.
3) Yoru (nemasu →), nikki o kakimasu.
4) Ginkō de okane o (dashimasu →), kaimono ni ikimashita.

7.

Kodomo-toshokan

Hon no kari-kata
- Uketsuke de kādo o tsukutte kudasai.
- Uketsuke e hon o motte kite, kādo o misete kudasai.
- Hon wa 2-shūkan kariru koto ga dekimasu.
- Jisho to shinbun to atarashii zasshi wa kariru koto ga dekimasen.

Kopii ga dekimasu (1-mai 10-en)
- Toshokan no hon o kopii-suru koto ga dekimasu.
- Kopii wa uketsuke de shimasu kara, hon o uketsuke e motte kite kudasai.

1) ( ) Hon o kariru mae ni, uketsuke de kādo o tsukuranakereba narimasen.
2) ( ) 1-shūkan mae ni, hon o karimashita kara, kyō kaesanakereba narimasen.
3) ( ) Furui zasshi o kariru koto ga dekimasu.
4) ( ) Toshokan no hon o kopii-shite wa ikemasen.

Dai 19 ka

Bunkei

1. Sumō o mita koto ga arimasu.
2. Yasumi no hi wa tenisu o shitari, sanpo ni ittari shimasu.
3. Korekara dandan atsuku narimasu.

Reibun

1. Hokkaidō e itta koto ga arimasu ka.
   …Hai, ichido arimasu. 2-nen mae ni tomodachi to ikimashita.

2. Uma ni notta koto ga arimasu ka.
   …Iie, ichido mo arimasen. Zehi noritai desu.

3. Fuyu-yasumi wa nani o shimashita ka.
   …Kyōto no o-tera ya jinja o mitari, tomodachi to pātii o shitari shimashita.

4. Nihon de nani o shitai desu ka.
   …Ryokō o shitari, ocha o narattari shitai desu.

5. Karada no chōshi wa dō desu ka.
   …Okagesama de yoku narimashita.

6. Nihon-go ga jōzu ni narimashita ne.
   …Arigatō gozaimasu. Demo, madamada desu.

7. Teresa-chan wa nan ni naritai desu ka.
   …Isha ni naritai desu.

Kaiwa

Daietto wa ashita kara shimasu

Mina	:	Kanpai.
		--
Matsumoto Yoshiko	:	Maria-san, amari tabemasen ne.
Maria	:	Ē. Jitsu wa kinō kara daietto o shite imasu.
Matsumoto Yoshiko	:	Sō desu ka. Watashi mo nankai mo daietto o shita koto ga arimasu.
Maria	:	Donna daietto desu ka.
Matsumoto Yoshiko	:	Mainichi ringo dake tabetari, mizu o takusan nondari shimashita.
Matsumoto Buchō	:	Shikashi, murina daietto wa karada ni yokunai desu yo.
Maria	:	Sō desu ne.
Matsumoto Yoshiko	:	Maria-san, kono kēki, oishii desu yo.
Maria	:	Sō desu ka. ……. Daietto wa mata ashita kara shimasu.

Renshū A

1.

	masu-kei			ta-kei		
I	ka	ki	masu	ka	i	ta
	i	ki	masu	*i	t	ta
	iso	gi	masu	iso	i	da
	no	mi	masu	no	n	da
	yo	bi	masu	yo	n	da
	toma	ri	masu	toma	t	ta
	ka	i	masu	ka	t	ta
	ma	chi	masu	ma	t	ta
	hana	shi	masu	hana	shi	ta

	masu-kei		ta-kei	
II	tabe	masu	tabe	ta
	dekake	masu	dekake	ta
	oki	masu	oki	ta
	abi	masu	abi	ta
	deki	masu	deki	ta
	mi	masu	mi	ta

	masu-kei		ta-kei	
III	ki	masu	ki	ta
	shi	masu	shi	ta
	sentaku-shi	masu	sentaku-shi	ta

2. Watashi wa

Okinawa e	itta	koto ga arimasu.
Fujisan ni	nobotta	
sushi o	tabeta	

3. Maiban

terebi o	mita	ri,	hon o	yonda	ri shimasu.
tegami o	kaita		ongaku o	kiita	
Nihon-go o	benkyō-shita		pasokon de	asonda	

4. Teresa-chan wa

se ga taka	ku	narimashita.
kirei	ni	
10-sai	ni	

Renshū B

1. Rei : → Hiroshima e itta koto ga arimasu.

   1) →   2) →   3) →   4) →

2. Rei : karaoke ni ikimasu (iie)

   → Karaoke ni itta koto ga arimasu ka.

   ……Iie, arimasen.

   1) ocha o naraimasu (hai) →
   2) uma ni norimasu (iie) →
   3) Nihon-jin no uchi ni tomarimasu (hai) →
   4) Indoneshia-ryōri o tabemasu (iie, ichido mo) →

3. Rei : nichi-yōbi → Nichi-yōbi wa sōji-shitari, sentaku-shitari shimasu.

   1) yoru →   2) yasumi no hi →
   3) kinō →   4) ototoi →

4. Rei : Do-yōbi wa nani o shimasu ka. (sanpo-shimasu・bideo o mimasu)
→ Sanpo-shitari, bideo o mitari shimasu.

1) Yasumi no hi wa nani o shimasu ka.
(gorufu no renshū o shimasu・uchi de hon o yomimasu) →

2) Pātii de nani o shimasu ka.
(dansu o shimasu・uta o utaimasu) →

3) Fuyu-yasumi wa nani o shitai desu ka.
(sukii ni ikimasu・tomodachi to pātii o shimasu) →

4) Shutchō no mae ni, nani o shinakereba narimasen ka.
(shiryō o tsukurimasu・repōto o okurimasu) →

5. Rei 1 : → Samuku narimashita.
Rei 2 : → Byōki ni narimashita.

1) → 2) → 3) →
4) → 5) → 6) →

6. Rei : mainichi renshū-shimashita・Nihon-go ga jōzu desu
→ Mainichi renshū-shimashita kara, Nihon-go ga jōzu ni narimashita.

1) amai mono o takusan tabemashita・ha ga warui desu →
2) supōtsu o shimasendeshita・karada ga yowai desu →
3) kaisha o yamemashita・hima desu →
4) uchi de yukkuri yasumimashita・genki desu →

Renshū C

1. A : ① Shinkansen ni notta koto ga arimasu ka.
   B : Ē, arimasu.
   A : Dō deshita ka.
   B : Totemo ② hayakatta desu.

   1) ① ikebana o shimasu
      ② tanoshii desu
   2) ① gyūdon o tabemasu
      ② oishii desu
   3) ① pachinko o shimasu
      ② omoshiroi desu

2. A : Mōsugu natsu-yasumi desu ne.
   B : Ē.
   A : Natsu-yasumi wa nani o shitai desu ka.
   B : Sō desu ne. ① Uma ni nottari, ② tsuri o shitari shitai desu.
   A : Ii desu ne.

   1) ① yama ni noborimasu
      ② umi de oyogimasu
   2) ① hon o yomimasu
      ② supōtsu o shimasu
   3) ① e o kakimasu
      ② ongaku o kikimasu

3. A : ① Atsuku narimashita ne.
   B : Sō desu ne. Mō ② natsu desu ne.
   A : Kotoshi wa zehi ③ oyogi ni ikitai desu ne.
   B : Ē.

   1) ① suzushii ② aki
      ③ momiji o mi ni ikimasu
   2) ① samui ② fuyu
      ③ sukii ni ikimasu
   3) ① atatakai ② haru
      ③ hanami ni ikimasu

Mondai

1. 1) ______________________________

   2) ______________________________

   3) ______________________________

   4) ______________________________

2. 1) (　　) 2) (　　) 3) (　　) 4) (　　) 5) (　　)

3.

Rei :	kakimasu	kaita	8)	norimasu	
1)	ikimasu		9)	keshimasu	
2)	hatarakimasu		10)	tabemasu	
3)	oyogimasu		11)	nemasu	
4)	nomimasu		12)	mimasu	
5)	asobimasu		13)	orimasu	
6)	mochimasu		14)	sanpo-shimasu	
7)	kaimasu		15)	kimasu	

4. Rei : Mirā-san wa Nihon-go (ga) jōzu ni narimashita.
   1) Okinawa e itta koto (　　) arimasu ka.
   2) Kotoshi 18-sai (　　) narimasu.
   3) Hoteru wa takai desu kara, tomodachi no uchi (　　) tomarimasu.
   4) Tabako wa karada (　　) yokunai desu.

5. Rei : Nihon wa hajimete desu ka.
   ……Iie, 3-nen mae ni, ichido (kita) koto ga arimasu.

sōji-shimasu	~~kimasu~~	kikimasu	kaimono ni ikimasu
kakimasu	mimasu	ikimasu	

1) Mirā-san, iki-kata ga wakarimasu ka.
……Ē, ichido (　　　　　) koto ga arimasu kara, daijōbu desu.

2) Tarō-kun wa uchi no shigoto o tetsudaimasu ka.
……Ē, (　　　　　)ri, (　　　　　)ri shimasu yo.

3) Shumi wa nan desu ka.
……E o (　　　　　)ri, ongaku o (　　　　　)ri suru koto desu.

4) Kabuki wa omoshiroi desu ka.
……Watashi wa kabuki o (　　　　　) koto ga arimasen kara ….

6. Rei : (Samuku) narimashita ne. Eakon o tsukemashō ka.

kirei	kurai	~~samui~~	ame	nemui

1) Sōji-shimashita kara, heya ga (　　　　　) narimashita.
2) Nihon wa fuyu 5-ji goro (　　　　　) narimasu.
3) Onaka ga ippai desu. (　　　　　) narimashita.
4) Asa wa ii tenki deshita ga, gogo kara (　　　　　) narimashita.

7.

Fujisan

Fujisan o mita koto ga arimasu ka. Fujisan wa 3,776-mētoru de, Nihon de ichiban takai yama desu. Shizuoka-ken to Yamanashi-ken no aida ni arimasu. Fuyu wa yuki ga futte, shiroku narimasu. Natsu mo yama no ue ni yuki ga arimasu. 7-gatsu to 8-gatsu dake Fujisan ni noboru koto ga dekimasu. Yama no ue ni yūbinkyoku ga atte, tegami o dashitari, denwa o kaketari suru koto ga dekimasu.

Natsu to aki, ii tenki no asa Fujisan wa akaku narimasu. Totemo kirei desu kara, Nihon-jin wa shashin o tottari, e o kaitari shimasu. Katsushika Hokusai no akai Fujisan no e wa yūmei desu.

1) (　) Fujisan wa sekai de ichiban takai yama desu.
2) (　) Natsu wa Fujisan de yuki o miru koto ga dekimasen.
3) (　) Fujisan ni denwa mo yūbinkyoku mo arimasu.

Fukushū C

1. Rei : Fakusu (de) repōto o okurimasu.
   1) Ame (   ) futte imasu.
   2) Ima Guputa-san wa buchō (   ) hanashite imasu.
   3) Ii-san wa pasokon (   ) motte imasu.
   4) Kono fakusu (   ) tsukai-kata (   ) oshiete kudasai.
   5) Watashi wa Kōbe (   ) sunde imasu.
   6) Koko (   ) kuruma o tomete mo ii desu ka.
   7) 7-ban no basu (   ) notte, Daigaku-mae de orimasu.
   8) Santosu-san wa se (   ) takakute, kami (   ) kuroi desu.
   9) Kādo o koko (   ) iremasu.
   10) Ano shingō (   ) migi (   ) magatte kudasai.
   11) Wan-san wa unten (   ) dekimasu.
   12) Kādo (   ) harau koto (   ) dekimasu ka.
   13) Shokuji (   ) mae ni, te o aratte kudasai.
   14) Supōtsu wa karada (   ) ii desu.
   15) Otōto wa isha (   ) narimashita.

2. Rei : Chotto (machimasu → matte   ) kudasai.
   1) Ano kissaten ni (hairimasu →   )masen ka.
      ……Ē, sō (shimasu →   )mashō.
   2) Konpyūtā no kaisha de (hatarakimasu →   )tai desu.
   3) Eki e tomodachi o (mukaemasu →   ) ni ikimasu.
   4) Nihon e (benkyō-shimasu →   ) ni kimashita.
   5) Sumimasen ga, bōrupen o (kashimasu →   ) kudasai.
   6) Ima denwa o (kakemasu →   ) imasu.
   7) Eakon o (tsukemasu →   )mashō ka.
   8) Kono denwa o (tsukaimasu →   ) mo ii desu ka.
   9) Maria-san wa (kekkon-shimasu →   ) imasu.
   10) Kyōto de kanojo ni (aimasu →   ), eiga o
       (mimasu →   ), sorekara ocha o nomimashita.
   11) Hirugohan o (tabemasu →   ) kara, kōen o sanpo-shimasu.
   12) Koko de shashin o (torimasu →   )nai de kudasai.
   13) Genkin de (haraimasu →   )nakereba narimasen.
   14) Ashita wa (kimasu →   )nakute mo ii desu.

15) Donokurai (oyogimasu →) koto ga dekimasu ka.

16) Shumi wa e o (kakimasu →) koto desu.

17) Kono kaisha ni (hairimasu →) mae ni, jidōsha no kaisha de hataraite imashita.

18) Shinkansen ni (norimasu →) koto ga arimasen.

19) Yasumi no hi wa tegami o (kakimasu →)ri, ongaku o (kikimasu →)ri shimasu.

20) Tawapon-san wa (atama ga ii desu →), omoshiroi hito desu.

21) Nara wa (shizuka desu →), kireina machi desu.

22) Pasokon ga (yasui desu →) narimashita.

23) Sukii ga (jōzu desu →) narimashita.

3. Rei : Satō-san wa ima buchō to { a. hanashimasu. / ⓑ hanashite imasu. }

1) Kono jikokuhyō o { a. moraimashō ka. / b. moratte mo ii desu ka. }

……Hai, dōzo.

2) Atsui desu ne. Mado o akemashō ka.

…… { a. Ē, akemasu. / b. Ē, akete kudasai. }

3) Watashi wa Mirā-san no jūsho o { a. shitte imasu. / b. shirimasu. }

4) Nomimono wa { a. shokuji ga owatte kara, / b. shokuji ga owatte, } motte kite kudasai.

5) Pātii wa dō deshita ka.

…… { a. Nigiyaka de, tanoshikatta desu. / b. Nigiyaka de, tanoshii desu. }

6) Mainichi konakereba narimasen ka.

…… { a. Iie, mainichi konakute mo ii desu. / b. Iie, mainichi konai de kudasai. }

7) Mirā-san wa Supein-go o { a. hanasu koto ga dekimasen. / b. hanashite wa ikemasen. }

8) Kabuki o mita koto ga arimasu ka.

…… { a. Hai, mimasu. / b. Hai, arimasu. }

Dai 20 ka

Bunkei

1. Santosu-san wa pātii ni konakatta.
2. Nihon wa bukka ga takai.
3. Okinawa no umi wa kirei datta.
4. Kyō wa boku no tanjōbi da.

Reibun

1. Aisukuriimu [o] taberu?
   …Un, taberu.
2. Soko ni hasami [ga] aru?
   …Uun, nai.
3. Kinō Kimura-san ni atta?
   …Uun, awanakatta.
4. Ashita minna de Kyōto [e] ikanai?
   …Un, ii ne.
5. Sono karē-raisu [wa] oishii?
   …Un, karai kedo, oishii.
6. Ima hima?
   …Un, hima. Nani?
   Chotto tetsudatte.
7. Jisho [o] motte [i] ru?
   …Uun, motte [i] nai.

Kaiwa

Natsu-yasumi wa dō suru no?

Kobayashi	:	Natsu-yasumi wa kuni e kaeru no?
Tawapon	:	Uun. Kaeritai kedo, ⋯⋯.
		Kobayashi-kun wa dō suru no?
Kobayashi	:	Dō shiyō kana ⋯⋯.
		Tawapon-kun, Fujisan ni nobotta koto aru?
Tawapon	:	Uun.
Kobayashi	:	Ja, yokattara, issho ni ikanai?
Tawapon	:	Un. Itsu goro?
Kobayashi	:	8-gatsu no hajime goro wa dō?
Tawapon	:	Ii ne.
Kobayashi	:	Ja, iroiro shirabete, mata denwa-suru yo.
Tawapon	:	Arigatō. Matteru yo.

Renshū A

1.

teinei-kei	futsū-kei
kakimasu	kaku
kakimasen	kakanai
kakimashita	kaita
kakimasendeshita	kakanakatta
arimasu	aru
arimasen	*nai
arimashita	atta
arimasendeshita	*nakatta
ōkii desu	ōkii
ōkikunai desu	ōkikunai
ōkikatta desu	ōkikatta
ōkikunakatta desu	ōkikunakatta
kirei desu	kirei da
kirei ja arimasen	kirei ja nai
kirei deshita	kirei datta
kirei ja arimasendeshita	kirei ja nakatta
ame desu	ame da
ame ja arimasen	ame ja nai
ame deshita	ame datta
ame ja arimasendeshita	ame ja nakatta

2.

Watashi wa	ashita Tōkyō e	iku.
	mainichi	isogashii.
	sumō ga	suki da.
		sarariiman da.
	Fujisan ni	noboritai.
	Ōsaka ni	sunde iru.
	shiyakusho e	ikanakereba naranai.
	repōto o	kakanakute mo ii.
	Doitsu-go o	hanasu koto ga dekiru.
	Doitsu e	itta koto ga nai.

Renshū B

1. Rei : Mainichi kare ni denwa-shimasu. → Mainichi kare ni denwa-suru.
   1) Ashita mata kimasu. →
   2) Kyō wa nani mo kaimasen. →
   3) Sukoshi tsukaremashita. →
   4) Kinō nikki o kakimasendeshita. →

2. Rei : Kimono wa takai desu. → Kimono wa takai.
   1) Nihon-go no benkyō wa omoshiroi desu. →
   2) Sono jisho wa yokunai desu. →
   3) Kesa wa atama ga itakatta desu. →
   4) Kinō no pātii wa tanoshikunakatta desu. →

3. Rei : Kyō wa hima desu. → Kyō wa hima da.
   1) Karina-san wa e ga jōzu desu. →
   2) Kyō wa yasumi ja arimasen. →
   3) Kinō wa ame deshita. →
   4) Senshū no do-yōbi wa hima ja arimasendeshita. →

4. Rei : Sochira e itte wa ikemasen. → Sotchi e itte wa ikenai.
   1) Mō ichido kabuki o mitai desu. →
   2) Denwa-bangō o shirabenakereba narimasen. →
   3) Kinō wa eiga o mitari, ongaku o kiitari shimashita. →
   4) Kono denwa o tsukatte mo ii desu. →

5. Rei : Ashita uchi ni imasu ka. (un) → Ashita uchi ni iru?
……Un, iru.

1) Biza ga irimasu ka. (uun) →
2) Kesa shinbun o yomimashita ka. (uun) →
3) Nichi-yōbi dokoka ikimashita ka. (uun, doko mo) →
4) Itsu Kimura-san ni aimasu ka. (kongetsu no owari goro) →

6. Rei : Biiru to wain to dochira ga ii desu ka. (wain)
→ Biiru to wain to dotchi ga ii?
……Wain no hō ga ii.

1) Tōkyō wa Ōsaka yori hito ga ōi desu ka. (un, zutto) →
2) Ano mise wa sābisu ga ii desu ka. (uun, amari) →
3) Eiga wa omoshirokatta desu ka. (uun, zenzen) →
4) Ryokō de doko ga ichiban tanoshikatta desu ka. (Itaria) →

7. Rei : Genki desu ka. (un) → Genki?
……Un, genki.

1) Ima nan-ji desu ka. (5-ji 40-pun) →
2) Kyō depāto wa yasumi desu ka. (uun) →
3) Inu to neko to dochira ga suki desu ka. (neko) →
4) Fujisan wa dō deshita ka. (kirei) →

8. Rei : Ima ame ga futte imasu ka. (un) → Ima ame ga futte iru?
……Un, futte iru.

1) Satō-san no jūsho o shitte imasu ka. (uun) →
2) Kyūshū e itta koto ga arimasu ka. (uun) →
3) Piano o hiku koto ga dekimasu ka. (un) →
4) Repōto o kakanakereba narimasen ka. (uun) →

Renshū C

1. A : ① Sumō [ga] suki?
   B : Un.
   A : ② Chiketto [ga] aru kedo,
   issho ni ③ ikanai?
   B : Ii ne.

   1) ① kōhii
      ② Burajiru no kōhii ③ nomimasu
   2) ① chokorēto
      ② Suisu no chokorēto ③ tabemasu
   3) ① jazu
      ② konsāto no chiketto ③ ikimasu

2. A : ① Tanaka-kun no jūsho [o] shitte [i]ru?
   B : Un.
   A : Ja, chotto ② oshiete.
   B : Ii yo.

   1) ① komakai okane [o]
      motte [i]masu
      ② kashimasu
   2) ① jikan [ga] arimasu
      ② tetsudaimasu
   3) ① jitensha no shūri [ga] dekimasu
      ② naoshimasu

3. A : ① Pachinko [o] shita koto [ga] aru?
   B : Un, kono aida ① shita yo.
   A : Dō datta?
   B : ② Muzukashikatta kedo, ③ omoshirokatta.

   1) ① karaoke ni ikimasu
      ② tanoshikatta desu ③ tsukaremashita
   2) ① sukiyaki [o] tabemasu
      ② amakatta desu ③ oishikatta desu
   3) ① kabuki [o] mimasu
      ② kotoba ga wakarimasendeshita ③ kirei deshita

Mondai

1. 1) ______________________________
   2) ______________________________
   3) ______________________________
   4) ______________________________
   5) ______________________________

2. 1) (　　) 2) (　　) 3) (　　) 4) (　　) 5) (　　)

3.

Rei : ikimasu	iku	ikanai	itta	ikanakatta
oyogimasu			oyoida	
kashimasu	kasu			
machimasu		matanai		
asobimasu				asobanakatta
nomimasu		nomanai		
arimasu	aru			
kaimasu				kawanakatta
nemasu			neta	
karimasu	kariru			
shimasu			shita	
kimasu		konai		
samui desu	samui			
ii desu			yokatta	
hima desu				hima ja nakatta
tenki desu			tenki datta	

4. Rei : Toshokan de hon o karimasu. (　kariru　)
   1) Kinō kazoku ni denwa o kakemashita ka. (　　　)
   2) Watashi wa Ōsaka ni sunde imasu. (　　　)
   3) Mō kaette mo ii desu ka. (　　　)
   4) Tōkyō e asobi ni ikimasu. (　　　)

5) Biza o morawanakereba narimasen. ( )
6) Koko de tabako o sutte wa ikemasen. ( )
7) Kanji o yomu koto ga dekimasen. ( )
8) Sashimi o tabeta koto ga arimasen. ( )
9) Jikan to okane ga hoshii desu. ( )
10) Koko wa kireina umi deshita. ( )

5. Rei : Are wa nani? (nan desu ka)

1) Ano hito wa mō kekkon-shite iru? ( )
……Uun, dokushin da. ( )
2) Kinō pātii ni itta? ( )
……Uun, ikanakatta. ( )
Atama ga itakatta kara. ( )
3) Mirā-san, itsumo genki ne. ( )
……Un, wakai kara. ( )

6. Nikki

1-gatsu tsuitachi kin-yōbi kumori

Tanaka-kun, Takahashi-kun to issho ni Kyōto no jinja e itta. Furukute, ōkii jinja datta. Hito ga ōkute, nigiyaka datta. Kimono no onna no hito ga takusan ita. Totemo kirei datta. Tanaka-kun to Takahashi-kun wa jinja no mae no hako ni okane o irete, iroiro onegai-shita. Sorekara minna de shashin o tottari, omiyage o kattari shita. Tenki wa amari yokunakatta ga, atatakakatta. Uchi e kaette kara, Amerika no kazoku ni denwa o kaketa. Minna genki datta.

1) ( ) Furukute, ōkii jinja e ikimashita.
2) ( ) Kimono no onna no hito o takusan mimashita.
3) ( ) Jinja e iku mae ni, kazoku to denwa de hanashimashita.
4) ( ) Jinja de shashin o torimashita.

Dai 21 ka

Bunkei

1. Ashita ame ga furu to omoimasu.
2. Shushō wa raigetsu Amerika e iku to iimashita.

Reibun

1. Shigoto to kazoku to dochira ga taisetsu desu ka.
   …Dochira mo taisetsu da to omoimasu.
2. Nihon ni tsuite dō omoimasu ka.
   …Bukka ga takai to omoimasu.
3. Mirā-san wa doko desu ka.
   …Kaigishitsu ni iru to omoimasu.
4. Mirā-san wa kono nyūsu o shitte imasu ka.
   …Iie, tabun shiranai to omoimasu.
   Mirā-san wa shutchō-shite imashita kara.
5. Teresa-chan wa mō nemashita ka.
   …Hai, mō neta to omoimasu.
6. Shokuji no mae ni, o-inori o shimasu ka.
   …Iie, shimasen ga, "Itadakimasu" to iimasu.
7. Kaigi de nanika iken o iimashita ka.
   …Hai. Mudana kopii ga ōi to iimashita.
8. 7-gatsu ni Kyōto de o-matsuri ga aru deshō?
   …Ē, arimasu.

Kaiwa

Watashi mo sō omoimasu

Matsumoto	:	A, Santosu-san, shibaraku desu ne.
Santosu	:	A, Matsumoto-san, o-genki desu ka.
Matsumoto	:	Ē. Chotto biiru demo nomimasen ka.
Santosu	:	Ii desu ne.

Santosu	:	Konban 10-ji kara Nihon to Burajiru no sakkā no shiai ga arimasu ne.
Matsumoto	:	Ā, sō desu ne. Zehi minai to ……. Santosu-san wa dochira ga katsu to omoimasu ka.
Santosu	:	Mochiron Burajiru desu yo.
Matsumoto	:	Demo, saikin Nihon mo tsuyoku narimashita yo.
Santosu	:	Ē, watashi mo sō omoimasu ga, ……. A, mō kaeranai to …….
Matsumoto	:	Sō desu ne. Ja, kaerimashō.

Renshū A

1.

Ashita ame ga	furu	to omoimasu.
Satō-san wa gorufu o	shinai	
Yamada-san wa mō	kaetta	
Nihon wa bukka ga	takai	
Nihon wa kōtsū ga	benri da	

2.

Shushō wa	ashita daitōryō ni	au	to iimashita.
	raigetsu Amerika e	ikanai	
	Eigo de supiichi o	shita	
	keizai no mondai wa	muzukashii	
	kaigi wa	taihen da	

3.

Ashita pātii ni	kuru	deshō?
O-tera de konsāto ga	atta	
Ōsaka wa tabemono ga	oishii	
Toshokan no hito wa	shinsetsu	

Renshū B

1. Rei : keizai no benkyō wa omoshiroi desu

   → Keizai no benkyō wa omoshiroi to omoimasu.

   1) Yamada-san wa hontō ni yoku hatarakimasu →
   2) Pawā-denki no seihin wa dezain ga ii desu →
   3) Mirā-san wa jikan no tsukai-kata ga jōzu desu →
   4) daietto wa muda deshita →

2. Rei : Fakusu wa benri da to omoimasu ka. (hai)

   → Hai, benri da to omoimasu.

   1) Ōsaka no mizu wa oishii to omoimasu ka. (iie, amari) →
   2) Watto-san wa ii sensei da to omoimasu ka. (hai, totemo) →
   3) Inu to neko to dochira ga yaku ni tatsu to omoimasu ka. (inu) →
   4) Nihon de doko ga ichiban kirei da to omoimasu ka. (Nara) →

3. Rei : Nihon (kōtsū ga benri desu) → Nihon ni tsuite dō omoimasu ka.

   ……Kōtsū ga benri da to omoimasu.

   1) Nihon no wakai hito (yoku asobimasu) →
   2) Nihon no yakyū (jikan ga nagai desu) →
   3) Nihon no kaisha (natsu-yasumi ga mijikai desu) →
   4) Ano eiga (yūmoa ga atte, tanoshii desu) →

4. Rei : Buchō wa jimusho ni imasu ka. (iie)

   → Iie, inai to omoimasu.

   1) Buchō wa mō kaerimashita ka. (hai) →
   2) Kagi wa doko desu ka. (ano hako no naka) →
   3) Ashita no shiai wa Chūgoku to Nihon to dochira ga kachimasu ka. (kitto Chūgoku) →
   4) Yamada-san wa kono nyūsu o shitte imasu ka. (iie, tabun) →

5. Rei : → Mirā-san wa ashita Tōkyō e shutchō-suru to iimashita.
1) → 2) → 3) → 4) →

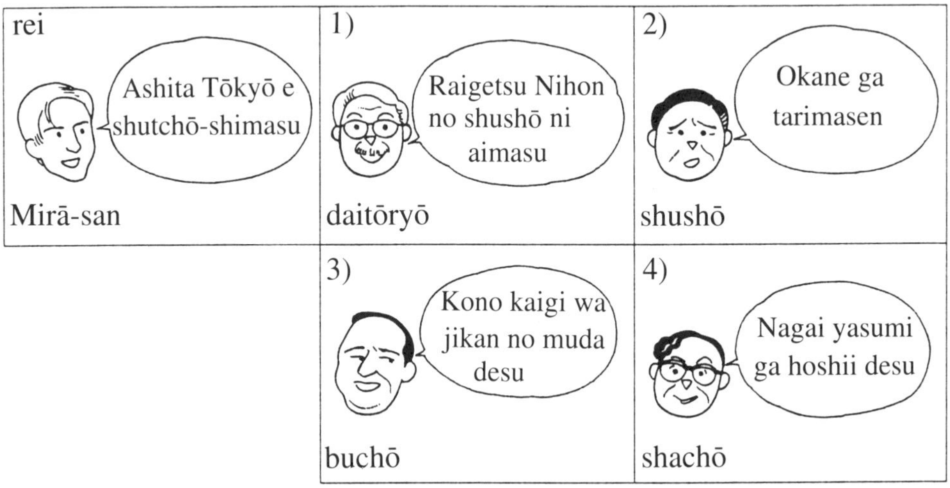

6. Rei : ashita wa yasumi desu → Ashita wa yasumi deshō?
1) Ōsaka wa midori ga sukunai desu →
2) Watto-san wa Eigo no sensei desu →
3) Kimura-san wa Ii-san o shirimasen →
4) kinō sakkā no shiai ga arimashita →

7. Rei 1 : Nihon wa tabemono ga takai deshō? (ē) → Ē, takai desu.
Rei 2 : Sono kamera wa takakatta deshō? (iie)
→ Iie, sonnani takakunakatta desu.
1) Tōkyō no rasshu wa sugoi deshō? (ē) →
2) Shigoto wa taihen deshō? (iie) →
3) Hokkaidō wa samukatta deshō? (iie) →
4) Tsukareta deshō? (ē) →

Renshū C

1. A : ①Nihon no seikatsu ni tsuite dō omoimasu ka.
   B : Sō desu ne. ②Benri desu ga, bukka ga takai to omoimasu.
   A : Watto-san wa dō omoimasu ka.
   C : Watashi mo onaji iken desu.

   1) ① atarashii kūkō
      ② kirei desu ga, chotto kōtsū ga fuben desu
   2) ① shushō no supiichi
      ② omoshiroi desu ga, itsumo nagai desu
   3) ① saikin no kodomo
      ② yoku benkyō-shimasu ga, hon o yomimasen

21

2. A : Kinō no sensei no o-hanashi wa omoshirokatta desu yo.
   B : Sō desu ka. Donna hanashi deshita ka.
   A : Sensei wa ichiban taisetsuna mono wa tomodachi da to iimashita.
   B : Sō desu ka. Watashi wa sō wa omoimasen ga.

   1) atama ga ii hito wa ryōri ga jōzu desu
   2) arubaito wa jikan no muda desu
   3) saikin no wakai hito wa seiji ni tsuite hanashimasen

3. A : ①Nihon wa tabemono ga takai deshō?
   B : Ē, hontō ni ①takai desu ne.
   Demo, ②oishii to omoimasu.

   1) ① asa no rasshu wa sugoi desu
      ② shikata ga arimasen
   2) ① sumō wa omoshiroi desu
      ② chiketto ga takai desu
   3) ① Nihon-jin wa densha de yoku nemasu
      ② abunai desu

Mondai

1. 1) ______________________________

   2) ______________________________

   3) ______________________________

   4) ______________________________

   5) ______________________________

2. 1) ( ) 2) ( ) 3) ( ) 4) ( ) 5) ( )

3. Rei : Kanojo wa kimasu ka.

   ……Iie, kyō wa (konai) to omoimasu.

oishii desu	kaerimasu	~~kimasu~~	jōzu desu	yaku ni tachimasu

1) Ōsaka no mizu wa dō desu ka.

   ……Amari ( ) to omoimasu.

2) Suzuki-san wa Eigo ga dekimasu ka.

   ……Ē, ( ) to omoimasu. Amerika ni 3-nen imashita kara.

3) Sono jisho wa ii desu ka.

   ……Ē, totemo ( ) to omoimasu.

4) Tanaka-san ga imasen ne.

   ……Kaban ga arimasen kara, mō uchi e ( ) to omoimasu.

4. Rei : A : Ashita hima desu ka.

   B : Ashita wa kaisha e ikanakereba narimasen.

   → B-san wa ashita wa kaisha e ikanakereba naranai to iimashita.

1) A : Sakura no kisetsu desu ne. Dokoka o-hanami ni ikimasu ka.

   B : Ē, nichi-yōbi kazoku to Ōsakajō-kōen e ikimasu.

   → B-san wa ______________________________ to iimashita.

2) A : Kono hon, omoshiroi desu yo.

   B : Sō desu ka. Ja, kashite kudasai.

   → A-san wa kono hon wa ________________ to iimashita.

3) A : Pātii wa nigiyaka deshita ka.

B : Ē, totemo nigiyaka deshita.

→ B-san wa pātii wa ______________ to iimashita.

4) A : Sumimasen. Nichi-yōbi no shiai o mi ni iku koto ga dekimasen.

B : Sō desu ka. Zannen desu.

→ A-san wa nichi-yōbi ______________ to iimashita.

5. Rei : Onaka ga (suita) deshō? Nanika tabemasen ka.

arimasu	atsui desu	~~sukimashita~~	chizu desu	tsukaremashita

1) Raigetsu Kyōto de yūmeina o-matsuri ga ( ) deshō?
2) ( ) deshō? Sukoshi yasumimashō.
3) ( ) deshō? Eakon o tsukemashō ka.
4) Sore wa Nihon no ( ) deshō? Hiroshima wa doko desu ka.

6. Kangarū

Kono dōbutsu no namae o shitte imasu ka. "Kangarū" desu. Ōsutoraria ni sunde imasu. 1778-nen ni Igirisu no Kyaputen Kukku wa fune de Ōsutoraria e ikimashita. Soshite, hajimete kono dōbutsu o mimashita. Kukku wa Ōsutoraria no hito ni kono dōbutsu no namae o shiritai to iimashita. Sono hito wa Ōsutoraria no kotoba de "kangarū (watashi wa shiranai)" to iimashita. Sore o kiite, Igirisu-jin wa minna kono dōbutsu no namae wa "kangarū" da to omoimashita. Sorekara, kono dōbutsu no namae wa "kangarū" ni narimashita.

1) ( ) Kyaputen Kukku wa 1778-nen made kangarū o mita koto ga arimasendeshita.
2) ( ) Igirisu-jin wa Ōsutoraria no hito no kotoba ga wakarimasendeshita.
3) ( ) Ōsutoraria no hito wa kono dōbutsu no namae o shitte imashita.

21

Dai 22 ka

Bunkei

1. Kore wa Mirā-san ga tsukutta kēki desu.
2. Asoko ni iru hito wa Mirā-san desu.
3. Kinō naratta kotoba o wasuremashita.
4. Kaimono ni iku jikan ga arimasen.

Reibun

1. Kore wa Banri no chōjō de totta shashin desu.
   …Sō desu ka. Sugoi desu ne.
2. Karina-san ga kaita e wa dore desu ka.
   …Are desu. Ano umi no e desu.
3. Ano kimono o kite iru hito wa dare desu ka.
   …Kimura-san desu.

4. Yamada-san, okusan ni hajimete atta tokoro wa doko desu ka.
   …Ōsakajō desu.
5. Kimura-san to itta konsāto wa dō deshita ka.
   …Totemo yokatta desu.
6. Dō shimashita ka.
   …Kinō katta kasa o nakushimashita.
7. Donna uchi ga hoshii desu ka.
   …Hiroi niwa ga aru uchi ga hoshii desu.
8. Konban nomi ni ikimasen ka.
   …Sumimasen. Konban wa chotto tomodachi ni au yakusoku ga arimasu.

Kaiwa

Donna apāto ga ii desu ka

Fudōsan-ya : Kochira wa ikaga desu ka.
Yachin wa 8-man-en desu.

Wan : Ūn ……. Chotto eki kara tōi desu ne.

Fudōsan-ya : Ja, kochira wa?
Benri desu yo. Eki kara aruite 3-pun desu kara.

Wan : Sō desu ne.
Dainingu-kichin to washitsu ga hitotsu to …….
Sumimasen. Koko wa nan desu ka.

Fudōsan-ya : Oshiire desu. Futon o ireru tokoro desu yo.

Wan : Sō desu ka.
Kono apāto, kyō miru koto ga dekimasu ka.

Fudōsan-ya : Ē. Ima kara ikimashō ka.

Wan : Ē, onegai-shimasu.

Renshū A

1. Kore wa

onna no hito ga	yomu	zasshi desu.
Nihon de	utte inai	
Karina-san ni	karita	

2.

Ano megane o	kakete iru	hito wa Yamada-san desu.
Sukii-ryokō ni	ikanai	
Kaigi de iken o	itta	

3.

Watto-san ga	sunde iru	tokoro wa Yokohama desu.
Satō-san ga	umareta	
Watashi ga	ikitai	

4.

Ano tana ni	aru	fuku o misete kudasai.
Pātii de	kiru	
Pari de	katta	

5. Watashi wa

eki kara	chikai	uchi ga hoshii desu.
hiroi niwa ga	aru	
karaoke-pātii ga	dekiru	

6. Watashi wa

tegami o	kaku	jikan ga arimasen.
hon o	yomu	
asagohan o	taberu	

Renshū B

1. Rei : haha ni moraimashita → Kore wa haha ni moratta kōto desu.
   1) Tawapon-san ni karimashita →
   2) Kyōto de torimashita →
   3) watashi ga tsukurimashita →
   4) Karina-san ga kakimashita →

2. Rei : Mirā-san → Mirā-san wa dono hito desu ka.
   ……Denwa o kakete iru hito desu.
   1) Matsumoto-buchō → 2) Yamada-san →
   3) Satō-san → 4) Tanaka-san →

3. Rei : < Mirā-san ga yoku ikimasu > kissaten wa kōhii ga oishii desu
   → Mirā-san ga yoku iku kissaten wa kōhii ga oishii desu.
   1) < Wan-san ga hataraite imasu > byōin wa Kōbe ni arimasu →
   2) < watashi ga itsumo kaimono-shimasu > sūpā wa yasai ga yasui desu →
   3) < otōto ga sunde imasu > apāto wa o-furo ga arimasen →
   4) < kinō watashi ga ikimashita > o-tera wa kirei de, shizuka deshita →

4. Rei : < kuroi sūtsu o kite imasu > hito wa dare desu ka
→ Kuroi sūtsu o kite iru hito wa dare desu ka.
1) < ryokō ni ikimasen > hito wa dare desu ka →
2) < pātii ni kimasu > hito wa nan-nin desu ka →
3) < hajimete go-shujin ni aimashita > tokoro wa doko desu ka →
4) < Kyōto de tomarimashita > hoteru wa dō deshita ka →

5. Rei : < Nara de torimashita > shashin o misete kudasai
→ Nara de totta shashin o misete kudasai.
1) < kare ni agemasu > omiyage o kaimasu →
2) < irimasen > mono o sutemasu →
3) < byōin de moraimashita > kusuri o nomanakereba narimasen →
4) < Ii-san no tonari ni suwatte imasu > hito o shitte imasu ka →

6. Rei : < soto de shimasu > supōtsu ga suki desu
→ Soto de suru supōtsu ga suki desu.
1) < yūmoa ga wakarimasu > hito ga suki desu →
2) < pasokon o okimasu > tsukue ga hoshii desu →
3) < kaisha no hito ga tsukaimasu > Nihon-go ga wakarimasen →
4) < haha ga tsukurimashita > ryōri ga tabetai desu →

7. Rei : < nichi-yōbi wa kodomo to asobimasu > yakusoku ga arimasu
→ Nichi-yōbi wa kodomo to asobu yakusoku ga arimasu.
1) < konban wa tomodachi to shokuji-shimasu > yakusoku ga arimasu →
2) < kyō wa shiyakusho e ikimasu > yōji ga arimasu →
3) < asa shinbun o yomimasu > jikan ga arimasen →
4) < denwa o kakemasu > jikan ga arimasendeshita →

Renshū C

1. A : ① Senshū katta ② hon wa doko ni arimasu ka.
   B : Ēto, ano tsukue no ue ni arimasu yo.
   A : A, sō desu ka. Dōmo.

   1) ① Fujisan de torimashita
      ② shashin
   2) ① Tanaka-san ni moraimashita
      ② katarogu
   3) ① kinō karimashita
      ② bideo

2. A : Ano hito wa donata desu ka.
   B : Dono hito desu ka.
   A : ① Akai sētā o kite iru hito desu.
   B : Ā, ② Satō-san desu yo.

   1) ① megane o kakete imasu
      ② Matsumoto-san
   2) ① bōshi o kabutte imasu
      ② Yamada-san no okusan
   3) ① shiroi kutsu o haite imasu
      ② Watto-san

3. A : 20-sai no tanjōbi omedetō gozaimasu.
   B : Arigatō gozaimasu.
   A : Donna ① shigoto o shitai desu ka.
   B : Sō desu ne.
   ② Nihon-go o tsukau ① shigoto o shitai desu.

   1) ① kaisha de hatarakimasu
      ② ōkikute, amari zangyō ga arimasen
   2) ① hito to kekkon-shimasu
      ② yūmoa ga atte, akarui desu
   3) ① tokoro ni sumimasu
      ② chikaku ni yama ga atte, sukii ga dekimasu

Mondai

1. 1) ______________________
   2) ______________________
   3) ______________________
   4) ______________________
   5) ______________________

2. 1) ( ) 2) ( ) 3) ( ) 4) ( ) 5) ( )

3. Rei : Yoku neru hito wa genki desu.

~~yoku nemasu~~	toshokan de karimashita	o-sake o nomimasen
Maria-san kara kimashita	niwa ga arimasu	

1) Watashi wa ______________ uchi ga hoshii desu.
2) Watashi wa ______________ hito ga suki desu.
3) ______________ hon o nakushimashita.
4) ______________ tegami wa tsukue no ue ni arimasu.

4. Rei : Ano kuroi shatsu o kite iru hito wa (dare) desu ka.
   ……Mirā-san desu.
   1) Koko ni atta shinbun wa ( ) desu ka.
      ……Terebi no ue ni arimasu.
   2) Maria-san ga tsukutta kēki wa ( ) deshita ka.
      ……Totemo oishikatta desu.
   3) Ichiban atarashii pasokon wa ( ) desu ka.
      ……Kore desu.

5. Rei : Doko de torimashita ka. → Kore wa doko de totta shashin desu ka.

1) Itsu kaimashita ka.

→ ______________________________.

2) Dare ga tsukurimashita ka.

→ ______________________________.

3) Dare ni moraimashita ka.

→ ______________________________.

6. Rei : Ginkō e iku jikan ga arimasen.

1) Nichi-yōbi wa ____________________ yakusoku ga arimasu.

2) ____________________ yōji ga arimasu.

3) ____________________ jikan ga arimasen.

7. Nihon-jin wa yasumi no hi ni nani o shimasu ka

	shita hito	tsukatta okane
shokuji ni dekakeru ······················	66.0%	3,480-en
karaoke ni iku ························	55.8	1,860
bideo o miru ·························	44.3	520
Dizuniirando nado e iku ················	39.2	5,810
pachinko o suru ·······················	28.1	3,140

Shiryō : Yoka-kaihatsu-sentā "Rejā-hakusho 1995"

1) ( ) Resutoran nado de gohan o taberu hito wa sukunai desu.

2) ( ) Karaoke ni iku hito wa pachinko o suru hito yori ōi desu.

3) ( ) Karaoke wa ichiban okane o tsukaimasen.

Fukushū D

1. Rei : (ⓐ. Chotto b. Hayaku c. Sugu) matte kudasai.
   1) Kinō dare to kaimono ni ikimashita ka.
      ……(a. Minna b. Hitori de c. Issho ni) ikimashita.
   2) Mō gaikokujin-tōroku o shimashita ka.
      ……Iie, (a. mō b. mada c. mata) desu.
   3) 9-ji desu ne. (a. Sorosoro b. Ima c. Ato de) shitsurei-shimasu.
   4) Kyō wa (a. totemo b. yoku c. amari) samukunai desu.
   5) Eigo ga (a. takusan b. yoku c. zenzen) wakarimasu.
   6) Tōkyō wa Ōsaka yori (a. zutto b. ichiban c. dochira mo) hito ga ōi desu.
   7) Nihon-go ga amari wakarimasen kara, (a. dandan b. hayaku c. yukkuri) hanashite kudasai.
   8) Sumō o (a. nakanaka b. mazu c. ichido mo) mita koto ga arimasen.
   9) Mō 6-gatsu desu. (a. Saikin b. Tsugi ni c. Korekara) (a. dandan b. sonna ni c. takusan) atsuku narimasu.
   10) Amari tabemasen ne.
       ……(a. Mochiron b. Hontō ni c. Jitsu wa) daietto o shite imasu.
   11) Mirā-san wa (a. kitto b. zehi c. daitai) kuru to omoimasu.
   12) Pātii no ryōri de (a. zenbu de b. minna c. tokuni) yasai-karē ga oishikatta desu.

D

2. Rei : Tōkyō wa nigiyaka desu. (ⓐ. Soshite b. Demo c. Ja), omoshiroi desu.
   1) Ryokō wa tanoshikatta desu. (a. Desukara b. Demo c. Sorekara), tsukaremashita.
   2) Maiasa jogingu o shimasu. (a. Demo b. Ja c. Sorekara), kaisha e ikimasu.
   3) Ashita hima desu ka.
      ……Ē.
      (a. Ja b. Soshite c. Sorekara) Kōbe e ikimasen ka.

3.

Rei : kakimasu	kaku	kakanai	kaita	kakanakatta
	oku			
		ikanai		
	isogu			
			nonda	
asobimasu				
		toranai		
arimasu				
				kawanakatta
tachimasu				
	hanasu			
			tabeta	
		oboenai		
				minakatta
		dekinai		
benkyō-shimasu				
(Nihon e) kimasu				
ii desu				
	ikitai			
hima desu				
		ame ja nai		

D

4. Rei : Ashita wa ame ga (furimasu → furu) to omoimasu.
   1) Mirā-san wa kasa o (motte imasen →) to omoimasu.
   2) Santosu-san wa (shinsetsu desu →),
      (omoshiroi desu →) (ii hito desu →) to omoimasu.
   3) Tarō-kun wa nani mo (shirimasen →) to iimashita.
   4) Kachō wa kaigi wa (taihen desu →) to iimashita.
   5) Yamada-san wa (kimasen →) deshō?
   6) Ashita wa (hima desu →) deshō?
   7) Watto-san wa aoi sūtsu o (kite imasu →) hito desu.
   8) Itta koto ga (arimasen →) kuni wa hitotsu dake desu.
   9) (Yomitai desu →) hon ga takusan arimasu.
   10) Kodomo ni hikōki no hon o (agemasu →)
       yakusoku o shimashita.
   11) (Kaimono-shimasu →) jikan ga arimasen.

Dai 23 ka

Bunkei

1. Toshokan de hon o kariru toki, kādo ga irimasu.
2. Kono botan o osu to, otsuri ga demasu.

Reibun

1. Yoku terebi o mimasu ka.
   …Sō desu ne. Yakyū no shiai ga aru toki, mimasu.

2. Reizōko ni nani mo nai toki, dō shimasu ka.
   …Chikaku no resutoran e nanika tabe ni ikimasu.

3. Kaigishitsu o deru toki, eakon o keshimashita ka.
   …Sumimasen. Wasuremashita.

4. Santosu-san wa doko de fuku ya kutsu o kaimasu ka.
   …Natsu-yasumi ya o-shōgatsu ni kuni e kaetta toki, kaimasu.
   Nihon no wa chiisai desu kara.

5. Sore wa nan desu ka.
   …"Genki-cha" desu. Karada no chōshi ga warui toki,
   nomimasu.

6. Himana toki, uchi e asobi ni kimasen ka.
   …Ē, arigatō gozaimasu.

7. Gakusei no toki, arubaito o shimashita ka.
   …Ē, tokidoki shimashita.

8. Oto ga chiisai desu ne.
   …Kono tsumami o migi e mawasu to, ōkiku narimasu.

9. Sumimasen. Shiyakusho wa doko desu ka.
   …Kono michi o massugu iku to, hidari ni arimasu.

Kaiwa

Dōyatte ikimasu ka

Toshokan no hito	:	Hai, Midori-toshokan desu.
Karina	:	Anō, sochira made dōyatte ikimasu ka.
Toshokan no hito	:	Honda-eki kara 12-ban no basu ni notte, Toshokan-mae de orite kudasai. Mittsu-me desu.
Karina	:	Mittsu-me desu ne.
Toshokan no hito	:	Ē. Oriru to, mae ni kōen ga arimasu. Toshokan wa sono kōen no naka no shiroi tatemono desu.
Karina	:	Wakarimashita.
	:	Sorekara hon o kariru toki, nanika irimasu ka.
Toshokan no hito	:	Gaikoku no kata desu ka.
Karina	:	Hai.
Toshokan no hito	:	Ja, gaikokujin-tōrokushō o motte kite kudasai.
Karina	:	Hai. Dōmo arigatō gozaimashita.

Renshū A

1.

Michi o	wataru	toki,	kuruma ni ki o tsukemasu.
Shinbun o	yomu		megane o kakemasu.
Tsukai-kata ga	wakaranai		watashi ni kiite kudasai.

2.

Uchi e	kaeru	toki,	kēki o kaimasu.
Uchi e	kaetta		"Tadaima" to iimasu.
Kaisha e	kuru		eki de buchō ni aimashita.
Kaisha e	kita		uketsuke de shachō ni aimashita.

3.

Nemu	i	toki,	kōhii o nomimasu.
Hima	na		hon o yomimasu.
26-sai	no		kekkon-shimashita.

4.

Kono tsumami o	mawasu	to,	oto ga ōkiku narimasu.
Kore o	hiku		mizu ga demasu.
Migi e	magaru		yūbinkyoku ga arimasu.

Renshū B

1. Rei : shinbun o yomimasu · megane o kakemasu

   → Shinbun o yomu toki, megane o kakemasu.

   1) byōin e ikimasu · hokenshō o wasurenai de kudasai →
   2) sanpo-shimasu · itsumo kamera o motte ikimasu →
   3) kanji ga wakarimasen · kono jisho o tsukaimasu →
   4) genkin ga arimasen · kādo de kaimono-shimasu →

2. Rei 1 : "Itte mairimasu"

   → Dekakeru toki, "Itte mairimasu" to iimasu.

   Rei 2 : "Tadaima"

   → Uchi e kaetta toki, "Tadaima" to iimasu.

   1) "Oyasuminasai" →
   2) "Ohayō gozaimasu" →
   3) "Gochisōsama" →
   4) "Shitsurei-shimasu" →

3. Rei : sabishii desu · kazoku ni denwa o kakemasu

   → Sabishii toki, kazoku ni denwa o kakemasu.

   1) atama ga itai desu · kono kusuri o nomimasu →
   2) hima desu · bideo o mimasu →
   3) tsuma ga byōki desu · kaisha o yasumimasu →
   4) bangohan desu · wain o nomimasu →

4. Rei : uketsuke no hito o yobimasu (kono botan o oshimasu)

→ Uketsuke no hito o yobu toki, dō shimasu ka.

……Kono botan o oshimasu.

1) firumu o iremasu (koko o akete kudasai) →

2) kippu ga demasen (kono botan o oshite kudasai) →

3) denwa-bangō o shiritai desu (104 ni denwa o kakemasu) →

4) reizōko ga koshō desu (denki-ya o yobimasu) →

5. Rei : kono botan o oshimasu・kippu ga demasu

→ Kono botan o osu to, kippu ga demasu.

1) kore o hikimasu・isu ga ugokimasu →

2) kore ni sawarimasu・mizu ga demasu →

3) kono tsumami o hidari e mawashimasu・oto ga chiisaku narimasu →

4) kono tsumami o migi e mawashimasu・denki ga akaruku narimasu →

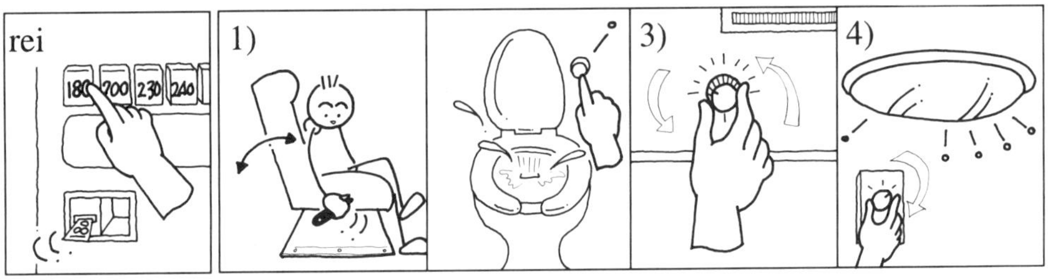

6. Rei : ginkō → Ginkō wa doko desu ka.

……Ano kōsaten o migi e magaru to, hidari ni arimasu.

1) shiyakusho →
2) bijutsukan →
3) chūshajō →
4) denwa →

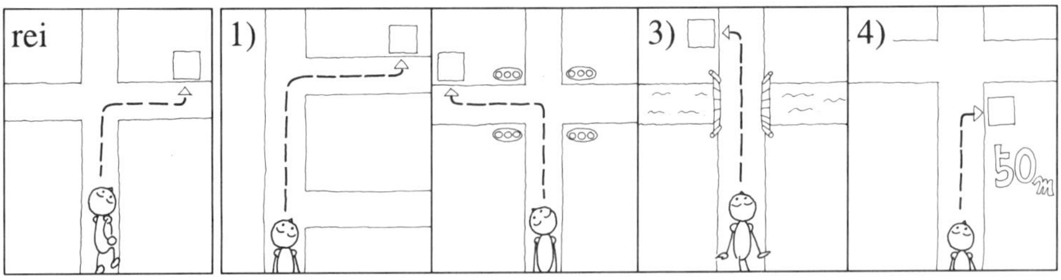

23

Renshū C

1. A : Sumimasen. Kono ①kikai no tsukai-kata o oshiete kudasai.
   B : Ē.
   A : ②Okane o dasu toki, dō shimasu ka.
   B : Kono botan o oshimasu.

   1) ① bideo ② tēpu o tomemasu
   2) ① fakusu ② kami o iremasu
   3) ① kopii ② saizu o kaemasu

2. A : Sumimasen.
   B : Nan desu ka.
   A : ①Tomodachi ga kaisha ni haitta toki, Nihon-jin wa donna mono o agemasu ka.
   B : Sō desu ne. ②Nekutai ya kaban nado desu ne.
   A : Sō desu ka.

   1) ① tomodachi ga kekkon-shimasu
      ② okane ya denki-seihin
   2) ① kodomo ga umaremashita
      ② okane ya fuku
   3) ① tomodachi ga atarashii uchi ni hikkoshi-shimashita
      ② e ya tokei

3. A : Chotto sumimasen.
   Kono chikaku ni ①ginkō ga arimasu ka.
   B : ①Ginkō desu ka. Asoko ni shingō ga arimasu ne.
   A : Ē.
   B : Asoko o watatte, ②massugu iku to, migi ni arimasu.

   1) ① sūpā ② hitotsu-me no kado o migi e magarimasu
   2) ① yūbinkyoku ② futatsu-me no kado o hidari e magarimasu
   3) ① hon-ya ② 100-mētoru gurai arukimasu

Mondai

1\. 1) ____________________

2) ____________________

3) ____________________

4) ____________________

5) ____________________

2\. 1) ①

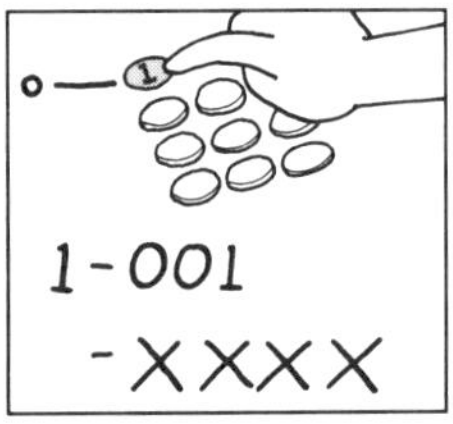

②

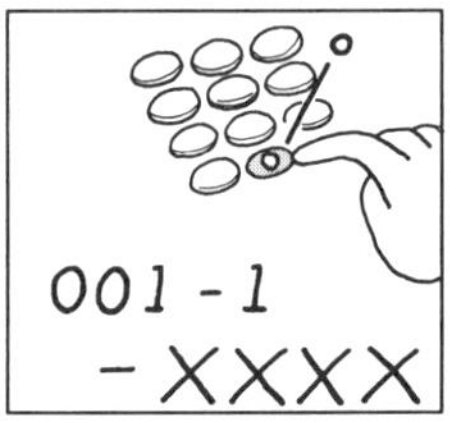

③

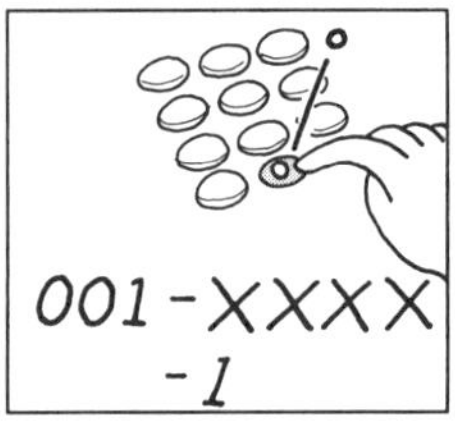

2) ①

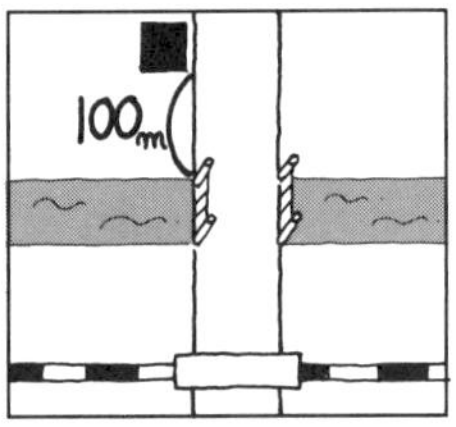

②

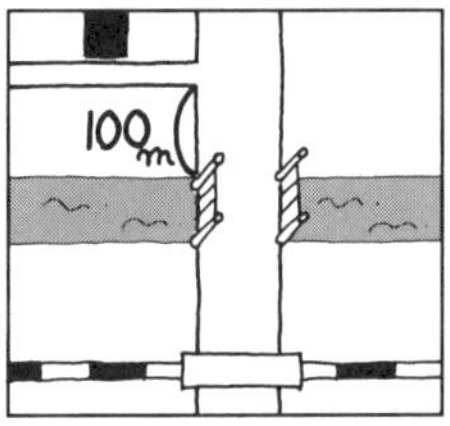

③

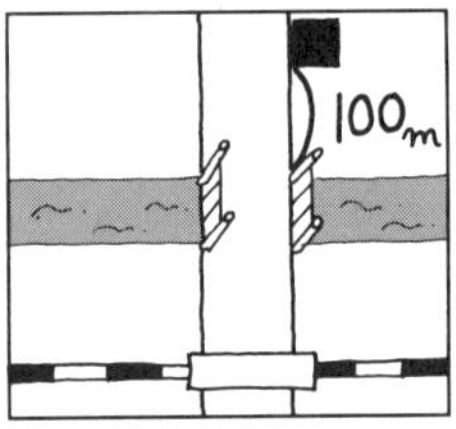

3\. 1) (　) 2) (　) 3) (　)

4\. Rei 1 : Kaimono ni (iku) toki, kādo o motte ikimasu.

Rei 2 : Tsuma ga (inai) toki, resutoran de shokuji-shimasu.

arimasu, ~~imasu~~, karimasu, ~~ikimasu~~, watarimasu, demasu

1) Toshokan de hon o (　　) toki, kādo ga irimasu.
2) Michi o (　　) toki, hidari to migi o yoku minakereba narimasen.
3) Jikan ga (　　) toki, asagohan o tabemasen.
4) Otsuri ga (　　) toki, kono botan o oshite kudasai.

5. Rei : Uchi e (kaeru, (kaetta)) toki, "Tadaima" to iimasu.
   1) (Tsukareru, Tsukareta) toki, atsui o-furo ni haitte, hayaku nemasu.
   2) Uchi o (deru, deta) toki, denki o keshimasendeshita.
   3) Asa (okiru, okita) toki, kazoku no shashin ni "Ohayō" to iimasu.
   4) Kinō no yoru (neru, neta) toki, sukoshi o-sake o nomimashita.

6. Rei : (Nemui desu → Nemui) toki, kao o araimasu.
   1) (Hima desu →) toki, asobi ni kite kudasai.
   2) (Dokushin desu →) toki, yoku ryokō o shimashita.
   3) Haha wa (wakai desu →) toki, totemo kirei deshita.

7. Rei : Kono ocha o (nomu) to, genki ni narimasu.
   1) Ano kōsaten o hidari e ( ) to, ginkō ga arimasu.
   2) Kono tsumami o migi e ( ) to, oto ga ōkiku narimasu.
   3) Kono ryōri wa sukoshi o-sake o ( ) to, oishiku narimasu.

8. Shōtokutaishi

Shōtokutaishi wa 574-nen ni Nara de umaremashita. Kodomo no toki, benkyō ga suki de, uma no nori-kata mo jōzu de, tomodachi ga takusan imashita. Ichido ni 10-nin no hito no hanashi o kiku koto ga dekimashita.

20-sai ni natta toki, kuni no seiji no shigoto o hajimemashita. Soshite o-tera o tsukuttari, Nihon-jin o Chūgoku ni okuttari shimashita. Chūgoku kara kanji ya seiji no shi-kata ya machi no tsukuri-kata nado o naraimashita. Hon mo kakimashita.

Shōtokutaishi ga tsukutta Hōryūji wa Nara ni arimasu. Sekai no ki no tatemono no naka de ichiban furui tatemono desu.

   1) ( ) Shōtokutaishi wa 600-nen gurai mae ni, umaremashita.
   2) ( ) Shōtokutaishi wa tomodachi ga 10-nin imashita.
   3) ( ) Shōtokutaishi wa Chūgoku e itte, kanji ya uma no nori-kata o naraimashita.
   4) ( ) Hōryūji wa sekai no tatemono no naka de ichiban furui desu.

Dai 24 ka

Bunkei

1. Satō-san wa watashi ni Kurisumasu-kādo o kuremashita.
2. Watashi wa Kimura-san ni hon o kashite agemashita.
3. Watashi wa Yamada-san ni byōin no denwa-bangō o oshiete moraimashita.
4. Haha wa watashi ni sētā o okutte kuremashita.

Reibun

1. Tarō-kun wa obāchan ga suki desu ka.
   ···Hai, suki desu. Obāchan wa itsumo okashi o kuremasu.

2. Oishii wain desu ne.
   ···Ē, Satō-san ga kuremashita. Furansu no wain desu.

3. Tarō-kun wa Haha no hi ni okāsan ni nani o shite agemasu ka.
   ···Piano o hiite agemasu.

4. Mirā-san, kinō no pātii no ryōri wa zenbu jibun de tsukurimashita ka.
   ···Iie, Wan-san ni tetsudatte moraimashita.

5. Densha de ikimashita ka.
   ···Iie. Yamada-san ga kuruma de okutte kuremashita.

Kaiwa

Tetsudatte kuremasu ka

Karina : Wan-san, ashita hikkoshi desu ne.
Tetsudai ni ikimashō ka.

Wan : Arigatō gozaimasu.
Ja, sumimasen ga, 9-ji goro onegai-shimasu.

Karina : Hoka ni dare ga tetsudai ni ikimasu ka.

Wan : Yamada-san to Mirā-san ga kite kuremasu.

Karina : Kuruma wa?

Wan : Yamada-san ni wagonsha o kashite moraimasu.

Karina : Hirugohan wa dō shimasu ka.

Wan : Ēto …….

Karina : Watashi ga o-bentō o motte ikimashō ka.

Wan : Sumimasen. Onegai-shimasu.

Karina : Ja, mata ashita.

Renshū A

1. Mirā-san wa watashi ni

Mirā-san wa watashi ni	wain	o kuremashita.
	hana	
	kādo	

2. Kore wa

Kore wa	Burajiru no kōhii	desu.	Santosu-san	ga kuremashita.
	Mekishiko no bōshi		Mirā-san	
	Chūgoku no ocha		Wan-san	

3. Watashi wa Karina-san ni

Watashi wa Karina-san ni	CD o	kashite	agemashita.
	denwa-bangō o	oshiete	
	kotoba no imi o	setsumei-shite	

4. Watashi wa Yamada-san ni

Watashi wa Yamada-san ni	Ōsakajō e	tsurete itte	moraimashita.
	hikkoshi o	tetsudatte	
	ryokō no shashin o	misete	

5. Yamada-san wa watashi ni

Yamada-san wa watashi ni	chizu o	kaite	kuremashita.
	kōhii o	irete	
	o-furo no hairi-kata o	setsumei-shite	

Renshū B

1. Rei : → Watashi wa Ii-san ni purezento o moraimashita.
   → Ii-san wa watashi ni purezento o kuremashita.

   1) → 2) → 3) → 4) →
   → → → →

2. Rei : michi o oshiemasu · ojiisan
   → Watashi wa ojiisan ni michi o oshiete agemashita.
   1) jitensha o kashimasu · Teresa-chan →
   2) tegami o yomimasu · obāsan →
   3) Supein-ryōri o tsukurimasu · tomodachi →
   4) hikōki no zasshi o misemasu · Tarō-kun →

3. Rei : → Watashi wa Satō-san ni kasa o kashite moraimashita.
   → Satō-san wa watashi ni kasa o kashite kuremashita.

   1) → 2) → 3) → 4) →
   → → → →

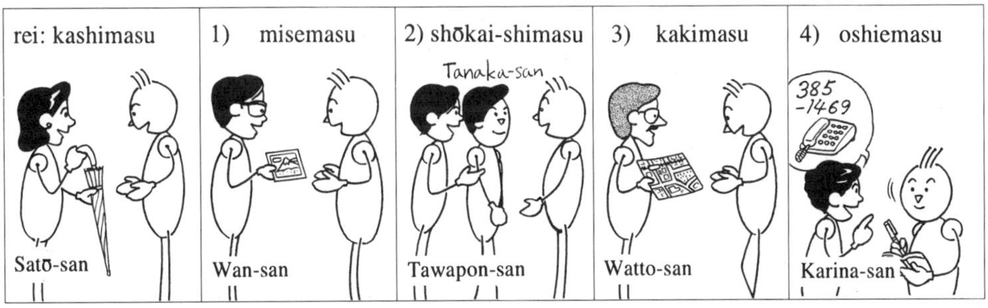

4. Rei : Nihon-go o oshiemasu (Kobayashi-sensei)

→ Dare ni Nihon-go o oshiete moraimashita ka.

……Kobayashi-sensei ni oshiete moraimashita.

1) hon o kashimasu (Satō-san) →

2) kopii o tetsudaimasu (Yamada-san) →

3) Kyōto o annai-shimasu (Kimura-san) →

4) sukiyaki o tsukurimasu (Matsumoto-san) →

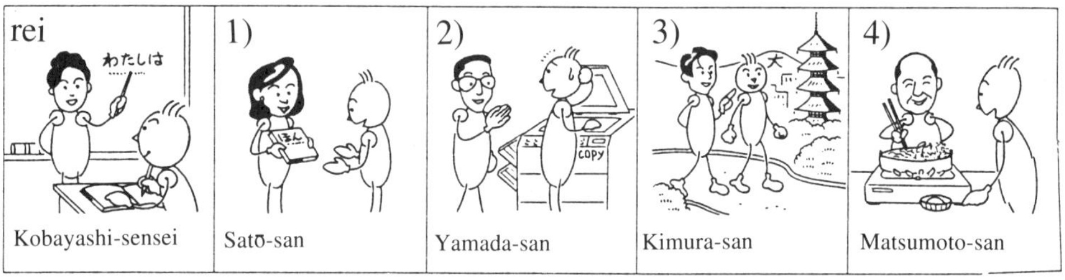

5. Rei : okane o haraimasu (Yamada-san)

→ Dare ga okane o haratte kuremashita ka.

……Yamada-san ga haratte kuremashita.

1) sētā o okurimasu (haha) →

2) Ōsakajō e tsurete ikimasu (kaisha no hito) →

3) eki made okurimasu (tomodachi) →

4) shashin o torimasu (Santosu-san) →

Renshū C

1. A : Sutekina ①kaban desu ne.
   B : Arigatō gozaimasu.
   ②Daigaku ni haitta toki, ③ane ga kuremashita.

   1) ① sūtsu
      ② daigaku o demashita ③ haha
   2) ① nekutai
      ② kaisha ni hairimashita ③ ani
   3) ① tokei
      ② kekkon-shimashita ③ chichi

2. A : ①Hitori de kimashita ka.
   B : Iie. Satō-san ni ②tsurete kite moraimashita.
   A : Sō desu ka.

   1) ① densha de kimasu
      ② kuruma de okurimasu
   2) ① tsukai-kata ga sugu wakarimasu
      ② setsumei-shimasu
   3) ① zenbu hitori de shimasu
      ② tetsudaimasu

3. A : Mō shutchō no junbi o shimashita ka.
   B : Hai.
   A : ①Shiryō wa?
   B : Satō-san ga ②kopii-shite kuremashita.

   1) ① shinkansen no kippu
      ② kai ni ikimasu
   2) ① nimotsu
      ② okurimasu
   3) ① hoteru
      ② yoyaku-shimasu

Mondai

1. 1) ____________________
   2) ____________________
   3) ____________________
   4) ____________________
   5) ____________________

2. 1) ( ) 2) ( ) 3) ( ) 4) ( ) 5) ( )

3. Rei : Tarō-kun wa Teresa-chan ni hana o (agemashita, kuremashita).
   1) Watto-san wa watashi ni Eigo no jisho o (agemashita, kuremashita).
   2) Watashi wa Karina-san ni daigaku o annai-shite (kuremashita, moraimashita).
   3) Yasumi no hi otto wa yoku ryōri o tsukutte (agemasu, kuremasu).
   4) Eki de tomodachi ni komakai okane o kashite (moraimashita, kuremashita).

4. Rei : Mirā : Sumimasen. Shio o totte kudasai.
   Watashi : Hai, dōzo.
   → Watashi wa Mirā-san ni shio o totte agemashita.
   (○)
   1) Guputa : A, komakai okane ga nai.
   Watashi : Guputa-san. Kono terehon-kādo o tsukatte kudasai.
   Guputa : Sumimasen.
   → Watashi wa Guputa-san ni terehon-kādo o kashite agemashita.
   ( )

2) Otoko no hito : Omoi deshō? Mochimashō ka.
Watashi : Arigatō gozaimasu.
→ Otoko no hito wa watashi no nimotsu o motte kuremashita. (   )

3) (erebētā de)
Mirā : Sumimasen. 6-kai onegai-shimasu.
Watashi : Hai.
→ Watashi wa Mirā-san ni erebētā no botan o oshite moraimashita. (   )

5. Rei : Watashi wa Mirā-san (ni) chokorēto o agemashita.
1) Chichi wa tanjōbi ni tokei (   ) kuremashita.
2) Dare (   ) hikkoshi o tetsudatte kuremasu ka.
……Karina-san (   ) tetsudatte kuremasu.
3) Watashi wa Yamada-san (   ) eki made okutte moraimashita.
4) Watashi wa kare (   ) ryokō no hon o okutte agemashita.

6.

Boku no obāchan

Boku no obāchan wa 88-sai de, genki desu. Hitori de sunde imasu. Tenki ga ii toki, obāchan wa byōin e tomodachi ni ai ni ikimasu. Byōin ni tomodachi ga takusan imasu kara. Tenki ga warui toki, ashi no chōshi ga yokunai desu kara, dekakemasen.

Obāchan ga boku no uchi e kita toki, boku wa gakkō de naratta uta o utatte agemasu. Obāchan wa boku ni furui Nihon no o-hanashi o shite kuremasu. Soshite pan ya okashi o tsukutte kuremasu.

Obāchan ga uchi e kuru to, uchi no naka ga totemo nigiyaka ni narimasu.

1) ( ) Obāchan wa boku no kazoku to issho ni sunde imasu.
2) ( ) Obāchan wa ashi no chōshi ga warui toki, byōin e ikimasu.
3) ( ) Obāchan wa boku ni Nihon no furui uta o utatte kuremasu.
4) ( ) Boku wa obāchan ga suki desu.

Dai 25 ka

Bunkei

1. Ame ga futtara, dekakemasen.
2. Ame ga futte mo, dekakemasu.

Reibun

1. Moshi 1-oku-en attara, nani o shitai desu ka.
   …Konpyūtā-sofuto no kaisha o tsukuritai desu.

2. Yakusoku no jikan ni tomodachi ga konakattara, dō shimasu ka.
   …Sugu kaerimasu.

3. Ano atarashii kutsu-ya wa ii kutsu ga takusan arimasu yo.
   …Sō desu ka. Yasukattara, kaitai desu.

4. Ashita made ni repōto o dasanakereba narimasen ka.
   …Iie. Muri dattara, kin-yōbi ni dashite kudasai.

5. Mō kodomo no namae o kangaemashita ka.
   …Ē, otoko no ko dattara, "Hikaru" desu.
   Onna no ko dattara, "Aya" desu.

6. Daigaku o detara, sugu hatarakimasu ka.
   …Iie, 1-nen gurai iroirona kuni o ryokō-shitai desu.

7. Sensei, kono kotoba no imi ga wakarimasen.
   …Jisho o mimashita ka.
   Ē. Mite mo, wakarimasen.

8. Nihon-jin wa gurūpu-ryokō ga suki desu ne.
   …Ē, yasui desu kara.
   Ikura yasukute mo, watashi wa gurūpu-ryokō ga kirai desu.

Kaiwa

Iroiro osewa ni narimashita

Yamada : Tenkin, omedetō gozaimasu.

Mirā : Arigatō gozaimasu.

Kimura : Mirā-san ga Tōkyō e ittara, sabishiku narimasu ne. Tōkyō e itte mo, Ōsaka no koto o wasurenai de kudasai ne.

Mirā : Mochiron. Kimura-san, hima ga attara, zehi Tōkyō e asobi ni kite kudasai.

Santosu : Mirā-san mo Ōsaka e kitara, denwa o kudasai. Ippai nomimashō.

Mirā : Ē, zehi.
Minasan, hontō ni iroiro osewa ni narimashita.

Satō : Karada ni ki o tsukete, ganbatte kudasai.

Mirā : Hai, ganbarimasu. Minasan mo dōzo o-genki de.

Renshū A

1.

nomimasu	non	da	ra	non	de	mo
machimasu	mat	ta	ra	mat	te	mo
tabemasu	tabe	ta	ra	tabe	te	mo
mimasu	mi	ta	ra	mi	te	mo
kimasu	ki	ta	ra	ki	te	mo
shimasu	shi	ta	ra	shi	te	mo
atsui desu	atsu	katta	ra	atsu	kute	mo
ii desu	yo	katta	ra	yo	kute	mo
suki desu	suki	datta	ra	suki	de	mo
kantan desu	kantan	datta	ra	kantan	de	mo
byōki desu	byōki	datta	ra	byōki	de	mo
ame desu	ame	datta	ra	ame	de	mo

2.

Ame ga	futta	ra,	ikimasen.
Jikan ga	nakatta		eiga o mimasen.
	Yasukatta		ano mise de kaimasu.
	Hima datta		asobi ni ikimasu.
	Ii tenki datta		sanpo-shimasu.

3.

10-ji ni	natta	ra,	dekakemashō.
Uchi e	kaetta		sugu shawā o abimasu.
Kaisha o	yameta		inaka ni sumitai desu.

4.

Ikura	kangaete	mo,	wakarimasen.
Okane ga	nakute		mainichi tanoshii desu.
	Takakute		kono uchi o kaitai desu.
	Benri de		kādo wa tsukaimasen.
	Nichi-yōbi de		hatarakimasu.

Renshū B

1. Rei : okane ga arimasu · pasokon o kaitai desu
   → Okane ga attara, pasokon o kaitai desu.
   1) eki made arukimasu · 30-pun kakarimasu →
   2) kono kusuri o nomimasu · genki ni narimasu →
   3) basu ga kimasen · takushii de ikimasu →
   4) iken ga arimasen · owarimashō →

2. Rei 1 : yasui desu · pasokon o kaimasu
   → Yasukattara, pasokon o kaimasu.
   Rei 2 : ame desu · dekakemasen → Ame dattara, dekakemasen.
   1) eki ga chikai desu · benri desu →
   2) samui desu · eakon o tsukete kudasai →
   3) tsukai-kata ga kantan desu · kaimasu →
   4) sokutatsu desu · ashita tsukimasu →

3. Rei 1 : wāpuro ga koshō-shimasu · dō shimasu ka
   → Wāpuro ga koshō-shitara, dō shimasu ka.
   ……Denki-ya e motte ikimasu.
   Rei 2 : nichi-yōbi tenki ga warui desu · nani o shimasu ka
   → Nichi-yōbi tenki ga warukattara, nani o shimasu ka.
   ……Uchi de ongaku o kikimasu.
   1) pasupōto o nakushimasu · dō shimasu ka →
   2) komakai okane ga arimasen · dō shimasu ka →
   3) nichi-yōbi ii tenki desu · nani o shimasu ka →
   4) yasumi o 1-kagetsu moraimasu · nani o shimasu ka →

25

4. Rei : hirugohan o tabemasu · eiga o mi ni ikimasen ka

→ Hirugohan o tabetara, eiga o mi ni ikimasen ka.

1) eki ni tsukimasu · denwa o kudasai →

2) shigoto ga owarimasu · nomi ni ikimashō →

3) 18-sai ni narimasu · Amerika e ryūgaku-shimasu →

4) kaisha o yamemasu · hon o kakitai desu →

5. Rei : oboemasu · sugu wasuremasu → Oboete mo, sugu wasuremasu.

1) kangaemasu · wakarimasen →

2) renshū o shimasu · jōzu ni narimasen →

3) toshi o torimasu · hatarakitai desu →

4) kekkon-shimasu · namae o kaemasen →

6. Rei 1 : yasui desu · kaimasen → Yasukute mo, kaimasen.

Rei 2 : kirai desu · tabemasu → Kirai de mo, tabemasu.

1) nemui desu · repōto o kakanakereba narimasen →

2) takai desu · Nihon no kuruma ga hoshii desu →

3) byōki desu · byōin e ikimasen →

4) uta ga heta desu · karaoke wa tanoshii desu →

7. Rei 1 : Dezain ga yokattara, kaimasu ka. (hai)

→ Hai, dezain ga yokattara, kaimasu.

Rei 2 : Yasukattara, kaimasu ka. (iie)

→ Iie, yasukute mo, kaimasen.

1) Toshi o tottara, inaka ni sumitai desu ka. (iie) →

2) Kono hon o yondara, Nihon-jin no kangae-kata ga wakarimasu ka. (hai) →

3) Chansu ga attara, ryūgaku-shitai desu ka. (hai) →

4) O-sake o nondara, tanoshiku narimasu ka. (iie) →

Renshū C

1. A : Ashita ①jikan ga attara, ②o-sake o nomi ni ikimasen ka.
   B : Ii desu ne. Doko e ikimasu ka.
   A : Kōbe ni ii tokoro ga arimasu yo.

   1) ① tenki ga ii desu
      ② gorufu o shimasu
   2) ① hima desu
      ② jazu o kikimasu
   3) ① shigoto ga hayaku owarimasu
      ② Furansu-ryōri o tabemasu

2. A : Kaigishitsu ni imasu kara, ①sono shigoto ga owattara, ②kite kudasai.
   B : Hai, wakarimashita.

   1) ① Akikkusu no Makino-san ga kimasu
      ② oshiemasu
   2) ① shiryō o kopii-shimasu
      ② motte kimasu
   3) ① Guputa-san kara denwa ga arimasu
      ② yobimasu

3. A : Raishū no ①sakkā no shiai, ②ame de mo, arimasu ka.
   B : Iie, ②ame dattara, arimasen.
   A : Sō desu ka.

   1) ① o-hanami
      ② tenki ga warui desu
   2) ① tenisu no shiai
      ② ame ga furimasu
   3) ① sukii-ryokō
      ② yuki ga sukunai desu

25

Mondai

1. 1) ____________________
   2) ____________________
   3) ____________________
   4) ____________________
   5) ____________________

2. 1) (　　) 2) (　　) 3) (　　) 4) (　　) 5) (　　)

3. Rei : Ame ga (furimasu → futta)ra, dekakemasen.
   1) Mainichi Nihon-go o (tsukaimasu → 　　)ra, jōzu ni narimasu.
   2) Basu ga (kimasen → 　　)ra, takushii de ikimashō.
   3) Getsu-yōbi ga (muri desu → 　　)ra, ka-yōbi ni repōto o dashite kudasai.
   4) Nichi-yōbi tenki ga (ii desu → 　　)ra, gorufu ni ikimasen ka.
   5) Ikura (kangaemasu → 　　) mo, wakarimasen.
   6) Pasokon wa takai desu kara, (benri desu → 　　) mo, kaimasen.

4. Rei : Jikan ga attara, (d)
   1) Okane ga atte mo, (　)
   2) Atsukattara, (　)
   3) Shigoto ga isogashikute mo, (　)
   4) Ii kaisha dattara, (　)
   5) Ame de mo, (　)

   a. eakon o tsukete kudasai.
   b. sentaku-shinakereba narimasen.
   c. nani mo kaimasen.
   d. asobi ni ikimashō.
   e. maiban Nihon-go o benkyō-shimasu.
   f. hairitai desu.

5. Rei : Itsu ryokō ni ikimasu ka. (natsu-yasumi ni narimasu)
   ……Natsu-yasumi ni nattara, sugu ikimasu.
   1) Nan-ji ni Pawā-denki e ikimasu ka. (kaigi ga owarimasu)
   ……____________________.

2) Itsu kekkon-shitai desu ka. (daigaku o demasu)
…… ____.

3) Nan-ji goro dekakemashō ka. (hirugohan o tabemasu)
…… ____.

4) Itsu goro atarashii shigoto o hajimemasu ka. (kuni e kaerimasu)
…… ____.

6. Watashi ga hoshii mono

Iroirona hito ni ichiban hoshii mono o kikimashita.

①"Jikan" desu. Kaisha e itte, hataraite, uchi e kaettara, 1-nichi ga owarimasu. 1-nichi ga mijikai desu. 1-nichi 36-jikan gurai hoshii desu.
(onna no hito, 25-sai)

②"Boku no ginkō" ga hoshii desu. Ginkō o motte itara, sukina toki, okane o dashite, sukina mono o kau koto ga dekimasu.
(otoko no ko, 10-sai)

③"Wakaku naru kusuri" desu. Watashi wa wakai toki, amari benkyō-shimasendeshita. Mō ichido wakaku nattara, ganbatte, benkyō-shite, ii shigoto o shitai desu. (onna no hito, 60-sai)

④"Yūmoa" ga hoshii desu. Watashi ga hanashi o suru to, tsuma wa sugu "Ashita mo isogashii deshō? Hayaku nete kudasai." to iimasu. Kodomo wa "Otōsan, sono hanashi wa mō 3-kai gurai kiita yo." to iimasu. Watashi wa omoshiroi hito ni naritai desu.
(otoko no hito, 43-sai)

⑤"Watashi" ga mō hitori hoshii desu. Watashi wa mainichi gakkō de benkyō-shinakereba narimasen. "Watashi" ga futari itara, hitori ga gakkō de benkyō-shite iru toki, mō hitori no "watashi" wa sukina koto ga dekimasu. Watashi wa futari ni naritai desu. (onna no ko, 14-sai)

1) ( ) ① no onna no hito wa himana jikan ga amari arimasen.
2) ( ) ② no otoko no ko wa ima okane ga takusan arimasu.
3) ( ) ③ no onna no hito wa wakai toki, benkyō-shimasendeshita.
4) ( ) ④ no otoko no hito to hanashite mo, omoshirokunai desu.
5) ( ) ⑤ no onna no ko wa futari ni nattara, issho ni gakkō e ikimasu.

Fukushū E

1. Rei : O-genki desu ka.
   ……(a. Hai, sō desu. ⓑ. Hai, genki desu. c. Hai, dōzo.)

1) Hajimemashite. Dōzo yoroshiku.
……(a. Sorosoro shitsurei-shimasu. b. Dō itashimashite.
c. Kochirakoso yoroshiku.)

2) Kore, honno kimochi desu. Dōzo.
……(a. Dōzo yoroshiku onegai-shimasu. b. Omedetō gozaimasu.
c. Arigatō gozaimasu.)

3) Kōhii wa ikaga desu ka.
……(a. Okagesama de. b. Gochisōsama. c. Itadakimasu.)

4) Dō shimashita ka.
……(a. Netsu ga arimasu. b. Shikata ga arimasen.
c. Iroiro osewa ni narimashita.)

5) Tadaima.
……(a. Okaerinasai. b. Shibaraku desu ne. c. Konnichiwa.)

6) Mō ippai ikaga desu ka.
……(a. Iie, chigaimasu. b. Iie, kekkō desu. c. Iie, kirai desu.)

7) Itte irasshai.
……(a. Irasshaimase. b. Itte mairimasu. c. Gomen kudasai.)

8) Ashita wa shiai desu.
……(a. Ja, mata ashita. b. Tsukaremashita ne.
c. Ganbatte kudasai.)

9) Netsu ga arimasu kara, kyō wa hayaku kaerimasu.
……Sō desu ka. (a. Odaiji ni. b. Okagesama de. c. Okaerinasai.)

10) Kimura-san wa pātii ni kimasen.
……Sō desu ka. (a. Ii desu ne. b. Taihen desu ne.
c. Zannen desu ne.)

11) Raigetsu kekkon-shimasu.
……(a. Yoroshiku onegai-shimasu. b. Arigatō gozaimasu.
c. Omedetō gozaimasu.)

12) Ashita kuni e kaerimasu.
……Sō desu ka. (a. Dōzo yoroshiku. b. Dōzo o-genki de.

c. Hai, dōzo.)

2. Rei : Chotto (machimasu → matte) kudasai.
   1) (Sanpo-shimasu →) toki, itsumo kamera o motte ikimasu.
   2) (Hima desu →) toki, bideo o mimasu.
   3) Otto ga (byōki desu →) toki, kaisha o yasumimasu.
   4) Kono tsumami o migi e (mawashimasu →) to, oto ga ōkiku narimasu.
   5) Karina-san ni hikkoshi o (tetsudaimasu →) moraimashita.
   6) Yamada-san ga eki made mukae ni (kimasu →) kuremashita.
   7) Ojiisan ni fakusu no tsukai-kata o (oshiemasu →) agemashita.
   8) Okane ga (arimasu →)ra, sekai no iroirona tokoro o ryokō-shitai desu.
   9) Ashita nimotsu ga (tsukimasen →)ra, denwa o kudasai.
   10) (Atsui desu →)ra, eakon o tsukete mo ii desu.
   11) Ashita (ame desu →)ra, o-matsuri wa arimasen.
   12) Ikura (kangaemasu →) mo, omoidasu koto ga dekimasen.
   13) (Isogashii desu →) mo, shinbun wa mainichi yomimasu.
   14) (Kirai desu →) mo, yasai wa tabenakereba narimasen.
   15) Watashi wa (nichi-yōbi desu →) mo, hayaku okimasu.

3. Rei : Atama ga (ⓐ. itakute mo b. itakattara), benkyō-shimasu.
   1) Minna de biiru o (a. nomu b. nonda) toki, "kanpai" to iimasu.
   2) Yoru (a. neru b. neta) toki, chotto o-sake o nomimasu.
   3) Takushii ni (a. noru b. notta) okane ga arimasendeshita kara, basu de kaerimashita.
   4) Migi e magaru to, (a. yūbinkyoku e ikimasu b. yūbinkyoku ga arimasu).
   5) Sutekina shatsu desu ne.
      ……Kore desu ka. Tanjōbi ni haha ga (a. agemashita b. kuremashita).
   6) Senshū no do-yōbi Tanaka-san ni Ōsakajō e tsurete itte (a. kuremashita b. moraimashita).
   7) Hirugohan o (a. tabeta toki b. tabetara), sugu dekakemasu.

E

Joshi

1. [wa]

A : 1) Watashi wa Maiku Mirā desu. (Dai 1 ka)

2) Watashi wa asa 6-ji ni okimasu. (4)

3) Sakura wa kirei desu. (8)

B : 1) Nyūyōku wa ima nan-ji desu ka. (4)

2) Nichi-yōbi wa tomodachi to Nara e ikimashita. (6)

3) Tōkyō Dizuniirando wa Chiba-ken ni arimasu. (10)

4) Shiryō wa fakusu de okutte kudasai. (17)

2. [mo]

A : 1) Maria-san mo Burajiru-jin desu. (1)

2) Kono nimotsu mo onegai-shimasu. (11)

3) Dochira mo suki desu. (12)

4) Nankai mo daietto o shita koto ga arimasu. (19)

B : 1) Doko [e] mo ikimasendeshita. (5)

2) Nani mo tabemasendeshita. (6)

3) Dare mo imasendeshita. (10)

3. [no]

A : 1) Ano hito wa IMC no Mirā-san desu. (1)

2) Kore wa konpyūtā no hon desu. (2)

3) Sore wa watashi no kasa desu. (2)

4) Kore wa Nihon no jidōsha desu. (3)

5) Kinō no ban benkyō-shimashita ka. (4)

6) Nihon-go no benkyō wa dō desu ka. (8)

7) Tsukue no ue ni shashin ga arimasu. (10)

8) Kono kanji no yomi-kata o oshiete kudasai. (14)

9) Indoneshia no Bandon kara kimashita. (16)

B : 1) Kono kaban wa Satō-san no desu. (2)

2) Kore wa doko no kamera desu ka.
…Nihon no desu. (3)

C : Mō sukoshi ōkii no wa arimasen ka. (14)

4. [o]

A : 1) Watashi wa jūsu o nomimasu. (6)

2) 1-shūkan ryokō o shimasu. (11)

3) 2-ji ni kodomo o mukae ni ikimasu. (13)

B : 1) Kinō kaisha o yasumimashita. (11)

2) Maiasa 8-ji ni uchi o demasu. (13)

3) Kyōto de densha o orimasu. (16)

C : 1) Maiasa kōen o sanpo-shimasu. (13)

2) Ano shingō o watatte kudasai. (23)

3) Kono michi o massugu iku to, eki ga arimasu. (23)

5. [ga]

A : 1) Watashi wa Itaria-ryōri ga suki desu. (9)

2) Mirā-san wa ryōri ga jōzu desu. (9)

3) Watashi wa Nihon-go ga sukoshi wakarimasu. (9)

4) Komakai okane ga arimasu ka. (9)

5) Watashi wa kodomo ga futari imasu. (11)

6) Watashi wa pasokon ga hoshii desu. (13)

7) Sukii ga dekimasu ka. (18)

8) Watashi wa tēpu-rekōdā ga irimasu. (20)

B : 1) Asoko ni otoko no hito ga imasu. (10)

2) Tsukue no ue ni shashin ga arimasu. (10)

3) Raigetsu Kyōto de o-matsuri ga arimasu. (21)

C : 1) Tōkyō wa hito ga ōi desu. (12)

2) Santosu-san wa se ga takai desu. (16)

3) Watashi wa nodo ga itai desu. (17)

D : 1) Basu to densha to dochira ga hayai desu ka.
…Densha no hō ga hayai desu. (12)

2) Supōtsu de yakyū ga ichiban omoshiroi desu. (12)

E : 1) Ame ga futte imasu. (14)

2) Kore ni sawaru to, mizu ga demasu. (23)

3) Oto ga chiisai desu. (23)

F : 1) Konsāto ga owatte kara, shokuji ni ikimasu. (16)

2) Yakusoku no jikan ni tomodachi ga konakattara, dō shimasu ka. (25)

3) Tsuma ga byōki no toki, kaisha o yasumimasu. (23)

4) Karina-san ga kaita e wa dore desu ka. (22)

G : 1) Satō-san ga wain o kuremashita. (24)

2) Dare ga okane o haratte kuremashita ka. (24)

6. [ni]

A : 1) Watashi wa asa 6-ji ni okimasu. (4)

2) 3-gatsu 25-nichi ni Nihon e kimashita. (5)

B : 1) Watashi wa Kimura-san ni hana o agemashita. (7)

2) Kazoku to tomodachi ni Kurisumasu-kādo o kakimasu. (7)

C : 1) Watashi wa Santosu-san ni omiyage o moraimashita. (7)

2) Watashi wa kaisha no hito ni hon o karimashita. (7)

D : 1) Tsukue no ue ni shashin ga arimasu. (10)

2) Kazoku wa Nyūyōku ni imasu. (10)

3) Maria-san wa Ōsaka ni sunde imasu. (15)

E : 1) Ashita tomodachi ni aimasu. (6)

2) Mō Nihon no seikatsu ni naremashita ka. (8)

3) Ano kissaten ni hairimashō. (13)

4) Koko ni suwatte kudasai. (15)

5) Umeda kara densha ni norimasu. (16)

6) Koko ni namae o kaite kudasai. (14)

7) Kore ni sawaru to, mizu ga demasu. (23)

F : 1-shūkan ni 1-kai tenisu o shimasu. (11)

G : 1) Nihon e keizai no benkyō ni kimashita. (13)

2) Kyōto e hanami ni ikimasu. (13)

H : Teresa-chan wa 10-sai ni narimashita. (19)

7. [e]

1) Tomodachi to Kyōto e ikimasu. (5)

2) Furansu e ryōri o narai ni ikimasu. (13)

3) Ano shingō o migi e magatte kudasai. (14)

8. [de]

A : 1) Takushii de uchi e kaerimasu. (5)

2) Fakusu de shiryō o okurimasu. (7)

3) Nihon-go de repōto o kakimasu ka. (7)

B : 1) Eki de shinbun o kaimasu. (6)

2) 7-gatsu ni Kyōto de o-matsuri ga arimasu. (21)

C : Watashi wa 1-nen de natsu ga ichiban suki desu. (12)

9. [to]

A : 1) Watashi wa kazoku to Nihon e kimashita. (5)

2) Satō-san wa kaigishitsu de buchō to hanashite imasu. (14)

B : 1) Yasumi wa do-yōbi to nichi-yōbi desu. (4)

2) Hon-ya wa hana-ya to sūpā no aida ni arimasu. (10)

3) Sakkā to yakyū to dochira ga omoshiroi desu ka. (12)

C : 1) Ashita ame ga furu to omoimasu. (21)

2) Shushō wa raigetsu Amerika e iku to iimashita. (21)

10. [ya]

Hako no naka ni furui tegami ya shashin ga arimasu. (10)

11. [kara][made]

A : 1) Watashi wa 9-ji kara 5-ji made hatarakimasu. (4)

2) Ginkō wa 9-ji kara 3-ji made desu. (4)

3) Kinō 10-ji made hatarakimashita. (4)

B : 1) Chiri-sōsu wa shita kara 2-dan-me desu. (10)

2) Watashi no kuni kara Nihon made hikōki de 4-jikan kakarimasu. (11)

3) Eki made mukae ni ikimashō ka. (14)

12. [made ni]

Do-yōbi made ni hon o kaesanakereba narimasen. (17)

13. [yori]

Chūgoku wa Nihon yori ōkii desu. (12)

14. [demo]

Chotto biiru demo nomimasen ka. (21)

15. [ka]

A : 1) Santosu-san wa Burajiru-jin desu ka. (1)

2) Sore wa shāpu-penshiru desu ka, bōrupen desu ka. (2)

3) Issho ni eiga o mimasen ka. (6)

B : Sumimasen. Yunyūya-sutoa wa doko desu ka.

…Yunyūya-sutoa desu ka. Ano biru no naka desu. (10)

C : Kono kasa wa anata no desu ka.

…Iie, chigaimasu. Shumitto-san no desu.

Sō desu ka. (2)

16. [ne]

1) Kinō mo 12-ji made benkyō-shimashita.
   …Taihen desu ne. (4)
2) Sono supūn, suteki desu ne. (7)
3) Ēto, 871 no 6813 desu.
   …871 no 6813 desu ne. (4)
4) Asoko ni otoko no hito ga imasu ne. Ano hito wa dare desu ka. (10)

17. [yo]

Kono densha wa Kōshien e ikimasu ka.
…Iie. Tsugi no "futsū" desu yo. (5)

Fōmu no tsukai-kata

1. [**masu-kei**]

masu-keimasen ka	Issho ni ocha o nomimasen ka.	(Dai 6 ka)
masu-keimashō	5-ji ni aimashō.	(6)
masu-keitai desu	Watashi wa kamera o kaitai desu.	(13)
masu-kei ni ikimasu	Watashi wa eiga o mi ni ikimasu.	(13)
masu-keimashō ka	Takushii o yobimashō ka.	(14)

2. [**te-kei**]

te-kei kudasai	Sumimasen ga, bōrupen o kashite kudasai.	(14)
te-kei imasu	Satō-san wa ima Mirā-san to hanashite imasu.	(14)
	Maria-san wa Ōsaka ni sunde imasu.	(15)
te-kei mo ii desu	Tabako o sutte mo ii desu ka.	(15)
te-kei wa ikemasen	Bijutsukan de shashin o totte wa ikemasen.	(15)
te-kei kara, ~	Shigoto ga owatte kara, oyogi ni ikimasu.	(16)
te-kei, te-kei, ~	Asa jogingu o shite, shawā o abite, kaisha e ikimasu.	(16)
te-kei agemasu	Mirā-san ni CD o kashite agemasu.	(24)
te-kei moraimasu	Satō-san ni Ōsakajō e tsurete itte moraimashita.	(24)
te-kei kuremasu	Yamada-san ga kuruma de okutte kuremashita.	(24)

3. [**nai-kei**]

nai-keinai de kudasai	Koko de shashin o toranai de kudasai.	(17)
nai-keinakereba narimasen	Pasupōto o misenakereba narimasen.	(17)
nai-keinakute mo ii desu	Kutsu o nuganakute mo ii desu.	(17)

4. **[jisho-kei]**

jisho-kei koto ga dekimasu	Watashi wa piano o hiku koto ga dekimasu.	(18)
jisho-kei koto desu	Shumi wa eiga o miru koto desu.	(18)
jisho-kei mae ni, ～	Neru mae ni, hon o yomimasu.	(18)
jisho-kei to, ～	Migi e magaru to, yūbinkyoku ga arimasu.	(23)

5. **[ta-kei]**

ta-kei koto ga arimasu	Hokkaidō e itta koto ga arimasu.	(19)
ta-keiri, **ta-kei**ri shimasu	Yasumi no hi wa tenisu o shitari, sanpo ni ittari shimasu.	(19)

6. **[futsū-kei]**

futsū-kei to omoimasu	Mirā-san wa mō kaetta to omoimasu.	(21)
	Nihon wa bukka ga takai to omoimasu.	(21)
	Kazoku ga ichiban taisetsu da to omoimasu.	(21)
futsū-kei to iimasu	Ani wa 10-ji made ni kaeru to iimashita.	(21)
dōshi / **i-keiyōshi** } **futsū-kei** } deshō?	Ashita no pātii ni iku deshō?	(21)
	Asa no rasshu wa sugoi deshō?	(21)
na-keiyōshi / **meishi** } **futsū-kei** ～ ~~da~~ } deshō?	Pasokon wa benri deshō?	(21)
	Kare wa Amerika-jin deshō?	(21)
dōshi futsū-kei meishi	Kore wa watashi ga tsukutta kēki desu.	(22)

7.

dōshi futsū-kei } toki, ～	Shinbun o yomu toki, megane o kakemasu.	(23)
i-keiyōshi } toki, ～	Nemui toki, kōhii o nomimasu.	(23)
na-keiyōshina } toki, ～	Himana toki, bideo o mimasu.	(23)
meishi no } toki, ～	Ame no toki, takushii ni norimasu.	(23)

8.	**futsū-kei kako**ra, ~	Pasokon ga attara, benri desu.	(25)
		Pasokon ga yasukattara, kaimasu.	(25)
		Tsukai-kata ga kantan dattara, kaimasu.	(25)
		Ii tenki dattara, sanpo-shimasu.	(25)
9.	**dōshi te-kei** } mo, ~	Jisho o mite mo, imi ga wakarimasen.	(25)
	i-keiyōshi ~kute } mo, ~	Pasokon ga yasukute mo, kaimasen.	(25)
	na-keiyōshi de } mo, ~	Kirai de mo, tabenakereba narimasen.	(25)
	meishi de } mo, ~	Kare wa nichi-yōbi de mo, hatarakimasu.	(25)

Fukushi, Fukushi-teki hyōgen

1.	**minna**	Gaikokujin no sensei wa minna Amerika-jin desu.	(Dai 11 ka)
	zenbu	Shukudai wa zenbu owarimashita.	(24)
	takusan	Shigoto ga takusan arimasu.	(9)
	totemo	Pekin wa totemo samui desu.	(8)
	yoku	Wan-san wa Eigo ga yoku wakarimasu.	(9)
	daitai	Teresa-chan wa hiragana ga daitai wakarimasu.	(9)
	sukoshi	Maria-san wa katakana ga sukoshi wakarimasu.	(9)
	chotto	Chotto yasumimashō.	(6)
	mō sukoshi	Mō sukoshi chiisai no wa arimasen ka.	(14)
	mō	Mō 1-mai kopii o shite kudasai.	(14)
	zutto	Tōkyō wa Nyūyōku yori zutto hito ga ōi desu.	(12)
	ichiban	Nihon-ryōri de tenpura ga ichiban suki desu.	(12)
		Nōto wa ano tana no ichiban ue desu.	(10)
2.	**itsumo**	Itsumo daigaku no shokudō de hirugohan o tabemasu.	(6)
	tokidoki	Tokidoki resutoran de gohan o tabemasu.	(6)
	yoku	Mirā-san wa yoku kissaten e ikimasu.	(22)
	hajimete	Kinō hajimete o-sushi o tabemashita.	(12)
	mata	Mata ashita kite kudasai.	(14)
	mō ichido	Mō ichido onegai-shimasu.	(II)
3.	**ima**	Ima 2-ji 10-pun desu.	(4)
	sugu	Sugu repōto o okutte kudasai.	(14)
	mō	Mō shinkansen no kippu o kaimashita.	(7)
		Mō 8-ji desu ne.	(8)
	mada	Mō hirugohan o tabemashita ka.	
		…Iie, mada desu.	(7)
	korekara	Korekara hirugohan o tabemasu.	(7)
	sorosoro	Sorosoro shitsurei-shimasu.	(8)
	ato de	Mata ato de kimasu.	(14)
	mazu	Mazu kono botan o oshite kudasai.	(16)
	tsugi ni	Tsugi ni kādo o irete kudasai.	(16)
	saikin	Saikin Nihon wa sakkā ga tsuyoku narimashita.	(21)

4.	**jibun de**	Pātii no ryōri wa zenbu jibun de tsukurimashita.	(24)
	hitori de	Hitori de byōin e ikimasu.	(5)
	minna de	Ashita minna de Kyōto e ikimasu.	(20)
	issho ni	Issho ni biiru o nomimasen ka.	(6)
	betsubetsu ni	Betsubetsu ni onegai-shimasu.	(13)
	zenbu de	Zenbu de 500-en desu.	(11)
	hoka ni	Hoka ni dare ga tetsudai ni ikimasu ka.	(24)
	hayaku	Hayaku uchi e kaerimasu.	(9)
	yukkuri	Yukkuri hanashite kudasai.	(14)
		Kyō wa yukkuri yasunde kudasai.	(17)
	dandan	Korekara dandan atsuku narimasu.	(19)
	massugu	Massugu itte kudasai.	(14)
5.	**amari**	Sono jisho wa amari yokunai desu.	(8)
	zenzen	Indoneshia-go ga zenzen wakarimasen.	(9)
	nakanaka	Nihon de wa nakanaka uma o miru koto ga dekimasen.	(18)
	ichido mo	Ichido mo sushi o tabeta koto ga arimasen.	(19)
	zehi	Zehi Hokkaidō e ikitai desu.	(18)
	tabun	Mirā-san wa tabun shiranai to omoimasu.	(21)
	kitto	Ashita wa kitto ii tenki ni naru to omoimasu.	(21)
	moshi	Moshi 1-oku-en attara, kaisha o tsukuritai desu.	(25)
	ikura	Ikura yasukute mo, gurūpu-ryokō ga kirai desu.	(25)
6.	**tokuni**	Ano eiga de tokuni otōsan ga yokatta desu.	(15)
	jitsu wa	Jitsu wa daietto o shite imasu.	(19)
	hontō ni	Nihon wa hontō ni tabemono ga takai to omoimasu.	(21)
	mochiron	Shiai wa mochiron Burajiru ga katsu to omoimasu.	(21)

Setsuzoku no iroiro

1.	**soshite**	Tōkyō no chikatetsu wa kirei desu. Soshite benri desu.	(Dai 8 ka)
	～de	Nara wa shizuka de, kireina machi desu.	(16)
	～kute	Kono pasokon wa karukute, benri desu.	(16)
	sorekara	Kore, sokutatsu de onegai-shimasu. Sorekara kono nimotsu mo onegai-shimasu.	(11)
	～tari	Yasumi no hi wa tenisu o shitari, sanpo ni ittari shimasu.	(19)
	～ga	Sumimasen ga, bōrupen o kashite kudasai.	(14)
2.	**sorekara**	Nihon-go o benkyō-shimashita. Sorekara eiga o mimashita.	(6)
	～te kara	Konsāto ga owatte kara, resutoran de shokuji-shimashita.	(16)
	～te, ～te	Asa jogingu o shite, shawā o abite, kaisha e ikimasu.	(16)
	～mae ni	Neru mae ni, nikki o kakimasu.	(18)
	～toki	Toshokan de hon o kariru toki, kādo ga irimasu.	(23)
3.	**kara**	Jikan ga arimasen kara, doko mo ikimasen.	(9)
	desukara	Kyō wa tsuma no tanjōbi desu. Desukara hayaku kaeranakereba narimasen.	(17)
4.	**～ga**	"Shichi-nin no samurai" wa furui desu ga, omoshiroi eiga desu.	(8)
	demo	Ryokō wa omoshirokatta desu. Demo, tsukaremashita.	(12)
	～kedo	Kono karē wa karai kedo, oishii.	(20)
	shikashi	Dansu wa karada ni ii desu kara, ashita kara mainichi renshū-shimasu. …Shikashi murina renshū wa karada ni yokunai desu yo.	(19)

5.	**ja**	Kore wa Itaria no wain desu.	
		…Ja, sore o kudasai.	(3)
	～to	Kono botan o osu to, otsuri ga demasu.	(23)
	～tara	Ame ga futtara, dekakemasen.	(25)
6.	**～te mo**	Ame ga futte mo, dekakemasu.	(25)

Sakuin

— **H** —

— I —

— M —

— O —

— S —

— **U** —

執筆協力

田中よね　財団法人海外技術者研修協会 非常勤講師
松下電器産業株式会社 海外研修所 日本語コーディネーター

牧野昭子　財団法人海外技術者研修協会 非常勤講師
国際交流基金関西国際センター 非常勤講師

重川明美　財団法人海外技術者研修協会 非常勤講師
松下電器産業株式会社 海外研修所 講師

御子神慶子　財団法人海外技術者研修協会 非常勤講師
松下電器産業株式会社 海外研修所 講師

古賀千世子　神戸大学留学生センター 非常勤講師
松下電器産業株式会社 海外研修所 講師

石井千尋　YWCA 日本語教師会 会員

監修

石沢弘子　財団法人海外技術者研修協会

豊田宗周　財団法人海外技術者研修協会

イラストレーション

佐藤夏枝

向井直子

みんなの日本語（にほんご） 初級（しょきゅう） I（いち）

本冊（ほんさつ） ローマ字版（じばん）

2000年10月15日　初版第1刷発行
2006年1月23日　第6刷発行

編著者　株式会社　スリーエーネットワーク
発行者　高井道博
発　行　株式会社　スリーエーネットワーク
〒101-0064 東京都千代田区猿楽町2-6-3（松栄ビル）
電話　営業 03(3292)5751
　　　編集 03(3292)6521
http://www.3anet.co.jp
印　刷　倉敷印刷株式会社

ISBN4-88319-166-4　C0081

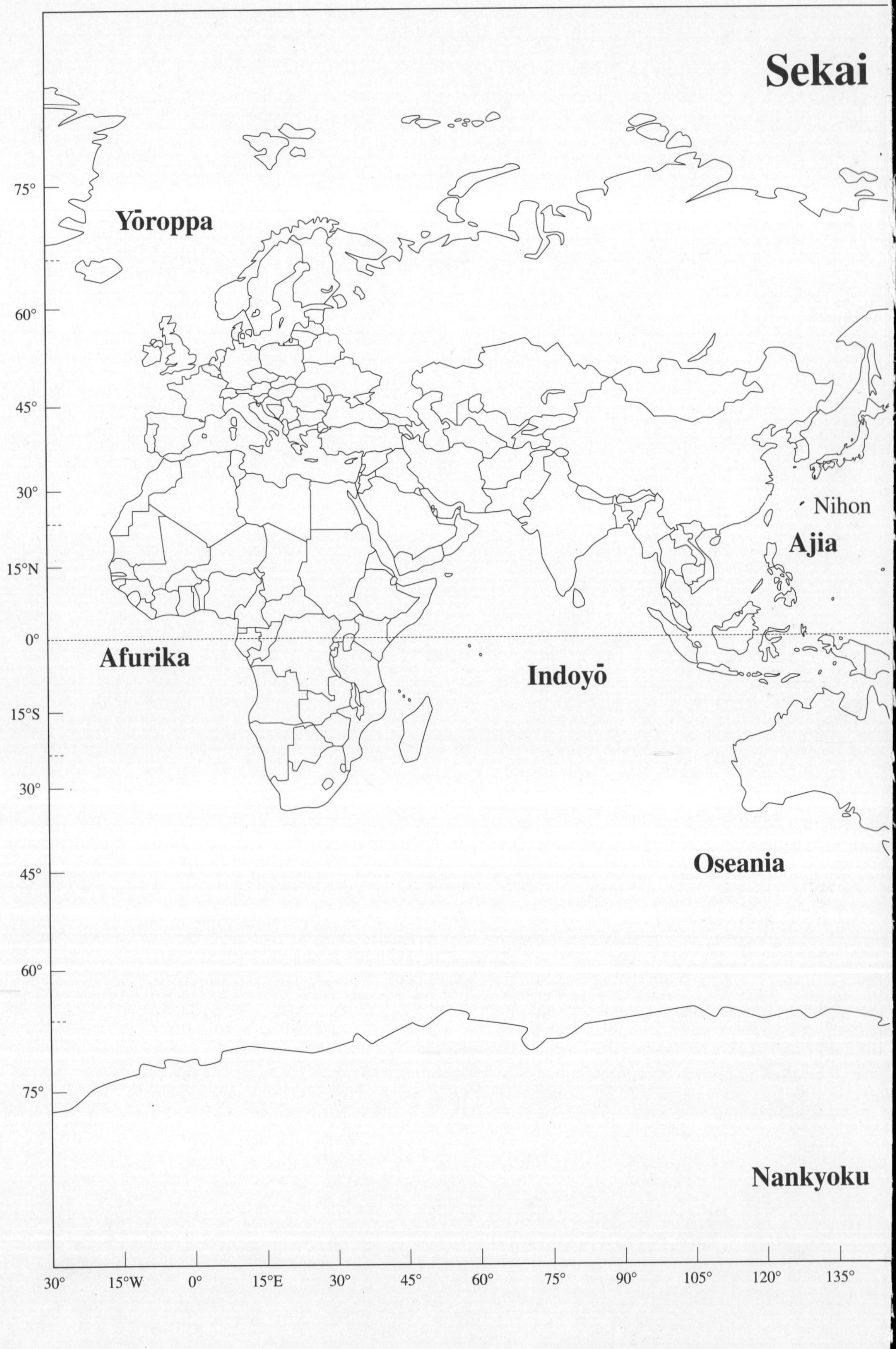
Sekai
Yōroppa
Afurika
Indoyō
Nihon
Ajia
Oseania
Nankyoku
75°
60°
45°
30°
15°N
0°
15°S
30°
45°
60°
75°
30°
15°W
0°
15°E
30°
45°
60°
75°
90°
105°
120°
135°

Minna no Nihon-go
Shokyū I　Honsatsu

—Mondai no Sukuriputo・Kotae—

—Fukushū no Kotae—

Mokuji

Dai 1 ka

1. Rei : Anata wa sensei desu ka.
   …Rei : Iie, watashi wa sensei ja arimasen.

   1) Anata wa Santosu-san desu ka.
   …Rei : Iie, Santosu ja arimasen.

   2) O-namae wa?
   …Rei : Maiku Mirā desu.

   3) Nan-sai desu ka.
   …Rei : 28-sai desu.

   4) Amerika-jin desu ka.
   …Rei : Hai, Amerika-jin desu.

   5) Enjinia desu ka.
   …Rei : Iie, enjinia ja arimasen.

2. Rei : Otoko : Satō-san, ohayō gozaimasu.
   Onna : Ohayō gozaimasu. (②)

   1) Onna : Minasan, kochira wa Pawā-denki no Shumitto-san desu.
   Otoko : Hajimemashite, Shumitto desu.
   Dōzo yoroshiku. (①)

   2) Onna : O-namae wa?
   Otoko : Wan desu.
   Onna : An-san desu ka.
   Otoko : Iie, Wan desu.
   Onna : O-ikutsu desu ka.
   Otoko : 29 desu. (③)

3. Rei 1 : Onna : Tarō-kun wa nan-sai desu ka.
   Otoko : 8-sai desu.
   ★ Tarō-kun wa 10-sai desu. (×)

   Rei 2 : Onna : Santosu-san wa sensei desu ka.

Otoko : Iie, sensei ja arimasen. Kaishain desu.

★ Santosu-san wa kaishain desu. (○)

1) Otoko : Hajimemashite. Watashi wa Mirā desu. Amerika kara kimashita.
Dōzo yoroshiku.

Onna : Satō desu. Dōzo, yoroshiku.

★ Mirā-san wa Amerika-jin desu. (○)

2) Otoko : Ano kata wa donata desu ka.

Onna : Karina-san desu.

Otoko : Sensei desu ka.

Onna : Iie, Fuji-daigaku no gakusei desu.

★ Karina-san wa Fuji-daigaku no sensei desu. (×)

3) Otoko : Ii-san wa kenkyūsha desu ka.

Onna : Hai.

Otoko : Shumitto-san mo kenkyūsha desu ka.

Onna : Iie, Shumitto-san wa enjinia desu.

★ Shumitto-san wa kenkyūsha ja arimasen. (○)

4. 1) Mirā-san 2) Amerika-jin 3) Amerika-jin
4) donata (dare) 5) nan-sai (o-ikutsu)

5. 1) wa 2) wa/ka 3) no 4) mo

6. Rei : Maiku Mirā / Amerika

Dai 2 ka

1. 1) Kore wa Techō desu ka.

   …Hai, sō desu.

   2) Kore wa konpyūtā desu ka, tēpu-rekōdā desu ka.

   …Konpyūtā desu.

   3) Kore wa nan desu ka.

   …Meishi desu.

   4) Kore wa nan no zasshi desu ka.

   …Jidōsha no zasshi desu.

   5) Kono kaban wa anata no desu ka.

   …Iie, watashi no ja arimasen.

2. 1) Onna : Hai. Donata desu ka.

   Otoko : 505 no Mirā desu.

   Korekara osewa ni narimasu.

   Dōzo yoroshiku onegai-shimasu.

   Onna : Tanaka desu. Kochira koso yoroshiku. (②)

   2) Otoko : Anō, kore, honno kimochi desu.

   Onna : E, nan desu ka.

   Otoko : Chokorēto desu.

   Onna : Dōmo arigatō gozaimasu. (①)

3. 1) Otoko : Sore wa techō desu ka.

   Onna : Iie, chigaimasu.

   Otoko : Nan desu ka.

   Onna : Jisho desu.

   ★ Kore wa techō desu. (×)

   2) Otoko : Kimura-san, ano jidōsha wa anata no desu ka.

   Onna : Hai, sō desu. Watashi no desu.

   ★ Ano jidōsha wa Kimura-san no desu. (○)

3) Otoko : Sore wa konpyūtā no zasshi desu ka.
Onna : Iie, kamera no zasshi desu.
Otoko : Sō desu ka.
★ Kore wa konpyūtā no zasshi ja arimasen. (○)

4. 1) nan-sai 2) sensei 3) nan 4) anata

5. 1) sore 2) are 3) kore

6. 1) shinbun 2) nan 3) nan 4) dare

7. 1) Sore wa watashi no kagi desu. 2) Kono jisho wa Mirā-san no desu.
3) Sono kasa wa dare no desu ka. 4) Are wa sensei no tsukue desu.

8. 1) osewa ni narimasu
2) honno kimochi desu/Dōzo/Dōmo arigatō gozaimasu

Dai 3 ka

1. 1) O-kuni wa dochira desu ka.

   …Rei : Igirisu desu.

   2) Uchi wa dochira desu ka.

   …Rei : Tōkyō desu.

   3) Anata no tokei wa doko no tokei desu ka.

   …Rei : Nihon no desu.

   4) Anata no tēpu-rekōdā wa Nihon no desu ka.

   …Rei : Iie, Nihon no ja arimasen.

   5) Anata no tokei wa ikura desu ka.

   …Rei : 16,500-en desu.

2. 1) Otoko : Erebētā wa doko desu ka.

   Onna : Asoko desu.

   Otoko : Denwa wa?

   Onna : Denwa wa soko desu.

   Otoko : Dōmo.

   ★ Denwa wa asoko desu. (×)

   2) Otoko : Sumimasen. Satō-san wa dochira desu ka.

   Onna : Satō-san wa kaigishitsu desu.

   Otoko : Mirā-san mo kaigishitsu desu ka.

   Onna : Hai, sō desu.

   Otoko : Dōmo.

   ★ Mira-san wa kaigishitsu desu. (○)

   3) Onna : Kaisha wa dochira desu ka.

   Otoko : Pawā-denki desu.

   Onna : Nan no kaisha desu ka.

   Otoko : Konpyūtā no kaisha desu.

   Onna : Sō desu ka.

   ★ Pawā-denki wa konpyūtā no kaisha desu. (○)

4) Otoko : Sumimasen. Tokei-uriba wa doko desu ka.

Onna : 8-kai desu.

Otoko : Dōmo.

★ Tokei-uriba wa 1-kai desu. (×)

5) Otoko : Sumimasen. Kono tokei wa ikura desu ka.

Onna : 23,600-en desu.

Otoko : Ja, kore o kudasai.

★ Kono tokei wa 23,800-en desu. (×)

3. 1) soko/kaigishitsu 2) asoko/toire (otearai)
3) koko/shokudō 4) asoko/jimusho 5) soko/kyōshitsu

4. 1) kore 2) sono/watashi no 3) asoko 4) doko

5. 1) dochira (doko) 2) doko (dochira) 3) nan-gai (doko)
4) dochira 5) dochira (doko) 6) nan 7) doko
8) ikura

Dai 4 ka

1. 1) Ima nan-ji desu ka.
   …Rei : 10-ji desu.
   2) Anata no kuni no ginkō wa nan-ji kara nan-ji made desu ka.
   …Rei : 9-ji kara 3-ji made desu.
   3) Mainichi nan-ji ni okimasu ka.
   …Rei : 6-ji ni okimasu.
   4) Kinō benkyō-shimashita ka.
   …Rei : Hai, benkyō-shimashita.
   5) Anata no uchi no denwa-bangō wa nan-ban desu ka.
   …Rei : 0790 no 31 no 1887 desu.

2. 1) Otoko : Ima nan-ji desu ka.
   Onna : 4-ji han desu.
   Otoko : Rondon wa nan-ji desu ka.
   Onna : Gozen 7-ji han desu. (①)

   2) Otoko : Kinō nan-ji ni nemashita ka.
   Onna : 12-ji ni nemashita.
   Otoko : Kesa nan-ji ni okimashita ka.
   Onna : 6-ji han ni okimashita. (③)

3. 1) Onna : Mirā-san, kinō nan-ji made hatarakimashita ka.
   Otoko : 10-ji made hatarakimashita.
   Onna : Kyō mo 10-ji made hatarakimasu ka.
   Otoko : Iie, 5-ji ni owarimasu.
   ★ Mirā-san wa kyō 10-ji made hatarakimasu. (×)

   2) Otoko : Midori-toshokan desu ka.
   Onna : Hai, sō desu.
   Otoko : Sumimasen. Yasumi wa nan-yōbi desu ka.
   Onna : Getsu-yōbi desu.
   Otoko : Dōmo.

★ Getsu-yōbi toshokan wa yasumi desu. (○)

3) Otoko : Karina-san, daigaku wa nan-ji kara desu ka.
Onna : 9-ji kara desu.
Otoko : Nan-ji ni owarimasu ka.
Onna : 4-ji ni owarimasu.
★ Karina-san wa 9-ji kara 5-ji made benkyō-shimasu. (×)

4. Rei : Ima 9-ji han desu. (9:30)
1) Kesa 7-ji han ni okimashita. (7:30)
2) Kaisha wa asa 8-ji 20-pun kara desu. (gozen 8:20)
3) Mainichi 9-ji kara 6-ji made hatarakimasu. (9:00 ~ 6:00)
4) Hiruyasumi wa 12-ji 15-fun kara 1-ji 15-fun made desu. (12:15 ~ 1:15)
5) Tanaka-san no uchi no denwa-bangō wa 349 no 7865 desu. (349-7865)
6) Bijutsukan no denwa-bangō wa 075 no 831 no 6697 desu. (075-831-6697)
7) Kono hon wa 3,650-en desu. (3,650)
8) Ano konpyūtā wa 208,000-en desu. (208,000)

5. 1) ×/ni 2) kara/made 3) × 4) no 5) ni 6) to

6. 1) nan-ji 2) nan-ban 3) nan-yōbi 4) nan-sai (o-ikutsu) 5) nan-ji

7. 1) nemashita 2) yasumimasu 3) benkyō-shimashita 4) okimasu
5) hatarakimasen

8. 1) yasumimashita 2) hatarakimasen 3) benkyō-shimasendeshita
4) owarimasu

Dai 5 ka

1. 1) Nichi-yōbi doko e ikimasu ka.
   …Rei : Kyōto e ikimasu.
   2) Nan de sūpā e ikimasu ka.
   …Rei : Jidōsha de ikimasu.
   3) Dare to sūpā e ikimasu ka.
   …Rei : Hitori de ikimasu.
   4) Kinō doko e ikimashita ka.
   …Rei : Doko mo ikimasendeshita.
   5) Tanjōbi wa nan-gatsu nan-nichi desu ka.
   …Rei : 4-gatsu muika desu.

2. 1) Onna : Mirā-san wa nichi-yōbi doko e ikimashita ka.
   Otoko : Nara e ikimashita. Satō-san wa?
   Onna : Doko mo ikimasendeshita. (②)

   2) Onna : Kyō wa nan-nichi desu ka.
   Otoko : 4-gatsu yōka desu.
   Onna : Nan-yōbi desu ka.
   Otoko : Ka-yōbi desu. (①)

3. 1) Onna : Mirā-san, itsu Nagoya e ikimasu ka.
   Otoko : Asatte ikimasu.
   Onna : Hitori de ikimasu ka.
   Otoko : Iie, Yamada-san to ikimasu.
   ★ Mirā-san wa asatte Yamada-san to Nagoya e ikimasu. (○)

   2) Otoko : Ii-san, o-kuni wa dochira desu ka.
   Onna : Kankoku desu.
   Otoko : Itsu Nihon e kimashita ka.
   Onna : Kyonen no 6-gatsu ni kimashita.
   ★ Ii-san wa kyonen no 9-gatsu ni Chūgoku kara kimashita. (×)

3) Otoko : Kono densha wa Kyōto e ikimasu ka.

Onna : Iie, ikimasen. Tsugi no "kyūkō" desu yo.

Otoko : Sō desu ka. Dōmo.

★ Tsugi no "kyūkō" wa Kyōto e ikimasu. (○)

4. 1) itsu 2) dare 3) doko 4) ikura 5) nan

6) nan-ji 7) nan-gatsu/nan-nichi

5. 1) no/ni/kara 2) de/e 3) ni/e 4) to/e

5) mo 6) de/e

6. 1) 9-ji ni uchi e kaerimashita 2) doko mo ikimasen

3) tomodachi to bijutsukan e ikimasu

4) [hitori de] Matsumoto-san no uchi e ikimasu

5) kazoku to jidōsha de Kōbe e ikimashita

Dai 6 ka

1. 1) Anata wa tabako o suimasu ka.

   …Rei : Iie, suimasen.

   2) Maiasa shinbun o yomimasu ka.

   …Rei : Hai, yomimasu.

   3) Kesa nani o nomimashita ka.

   …Rei : Kōcha o nomimashita.

   4) Ashita nani o shimasu ka.

   …Rei : Kyōto e ikimasu.

   5) Itsumo doko de hirugohan o tabemasu ka.

   …Rei : Kaisha no shokudō de tabemasu.

2. 1) Onna : Yamada-san wa o-sake o nomimasu ka.

   Otoko : Hai, nomimasu.

   Onna : Itsumo doko de nomimasu ka.

   Otoko : Uchi de nomimasu.

   ★ Yamada-san wa o-sake o nomimasen. (×)

   2) Onna : Mirā-san, kesa asagohan o tabemashita ka.

   Otoko : Hai, tabemashita.

   Onna : Nani o tabemashita ka.

   Otoko : Pan to tamago o tabemashita.

   ★ Mirā-san wa kesa pan to tamago o tabemashita. (○)

   3) Onna : Mirā-san, do-yōbi wa nani o shimashita ka.

   Otoko : Asa toshokan de benkyō-shimashita.

   Onna : Gogo wa?

   Otoko : Kōbe de eiga o mimashita.

   ★ Mirā-san wa do-yōbi no gogo Kōbe de eiga o mimashita. (○)

   4) Otoko : Ii-san, kinō doko e ikimashita ka.

   Onna : Kyōto e ikimashita.

   Otoko : Kyōto de nani o shimashita ka.

Onna : Hanami o shimashita.

★ Ii-san wa kinō Kyōto de hanami o shimashita. (○)

5) Onna : Mirā-san, nichi-yōbi issho ni tenisu o shimasen ka.

Otoko : Ē, ii desu ne.

Doko de shimasu ka.

Onna : Ōsakajō-kōen de shimashō.

★ Mirā-san wa nichi-yōbi Ōsakajō-kōen e ikimasu. (○)

3. 1) to/kōhii o nomimasu 2) ni/gohan o tabemasu

3) de/nekutai o kaimasu 4) de/shinbun o yomimasu

5) kara/made/terebi o mimasu

4. 1) nani o 2) doko de 3) nani o 4) dare ni

5. 1) kakimashita 2) yomimasu ka 3) ikimasen ka/ikimashō

4) shimasu

6. 1) × 2) ○ 3) × 4) ×

Dai 7 ka

1. 1) Mō bangohan o tabemashita ka.

   …Rei : Hai, mō tabemashita.

   2) Nan de gohan o tabemasu ka.

   …Rei : Hashi de tabemasu.

   3) Kyonen no tanjōbi ni purezento o moraimashita ka.

   …Rei : Hai, moraimashita.

   4) Okāsan no tanjōbi ni nani o agemasu ka.

   …Rei : Tokei o agemasu.

   5) "Thank you" wa Nihon-go de nan desu ka.

   …Rei : "Arigatō" desu.

2. 1) Onna : Mirā-san, kōhii wa ikaga desu ka.

   Otoko : Arigatō gozaimasu.

   Onna : Dōzo

   Otoko : Itadakimasu. (②)

   2) Onna : Sono nekutai, suteki desu ne.

   Otoko : Kore desu ka.

   Tanjōbi ni haha ni moraimashita.

   Onna : Sō desu ka. (①)

3. 1) Otoko : Karina-san, mō hirugohan o tabemashita ka.

   Onna : Iie, mada desu.

   Otoko : Ja, issho ni tabemasen ka.

   Onna : Ē. Ikimashō.

   ★ Karina-san wa hitori de hirugohan o tabemasu. (×)

2) Onna : Mirā-san, mō Tōkyō ni repōto o okurimashita ka.
Otoko : Hai, mō okurimashita.
Onna : Nan de okurimashita ka.
Otoko : Fakusu de okurimashita.
★ Mirā-san wa fakusu de Tōkyō ni repōto o okurimashita. (○)

3) Onna : Mirā-san, sono hon wa anata no desu ka.
Otoko : Iie, toshokan kara karimashita.
Onna : Mō yomimashita ka.
Otoko : Iie, mada desu. Konban yomimasu.
★ Mirā-san wa toshokan no hon o mō yomimashita. (×)

4. 1) Eigo o oshiemasu 2) jisho o karimasu (moraimasu)
3) nimotsu o okurimasu 4) tokei o moraimasu 5) denwa o kakemasu

5. 1) de 2) de 3) de 4) ni/o 5) ni (kara)/o

6. 1) mada desu/ikimasu/ikimasen ka 2) [mō] kakimashita
2) mada desu/okurimasu 4) [mō] nemashita

7. 1) ○ 2) × 3) × 4) ×

Dai 8 ka

1. 1) Kazoku wa genki desu ka.
   …Rei : Hai, genki desu.
   2) Anata no kuni wa ima atsui desu ka.
   …Rei : Hai, atsui desu.
   3) Shigoto wa omoshiroi desu ka.
   …Rei : Hai, omoshiroi desu.
   4) Anata no kuni wa donna kuni desu ka.
   …Rei : Kireina kuni desu.
   5) Nihon-go wa dō desu ka.
   …Rei : Yasashii desu.

2. 1) Otoko : Ano shatsu wa ikura desu ka.
   Onna : Dore desu ka.
   Otoko : Ano shiroi shatsu desu.
   Onna : Are wa 3,500-en desu. (①)

   2) Otoko : Kyō wa dōmo arigatō gozaimashita.
   Onna : Iie, mata irasshatte kudasai.
   Otoko : Ja, oyasuminasai. (③)

3. 1) Onna : Atsui desu ne.
   Otoko : Ē.
   Onna : Tsumetai ocha wa ikaga desu ka.
   Otoko : Ē, arigatō gozaimasu.
   ★ Korekara tsumetai ocha o nomimasu. (○)

   2) Otoko : Karina-san, ashita nani o shimasu ka.
   Onna : Tomodachi to Ōsakajō e ikimasu.
   Otoko : Sō desu ka. Watashi wa senshū ikimashita.
   Onna : Donna tokoro desu ka.
   Otoko : Totemo kireina tokoro desu yo. Soshite, shizuka desu.
   ★ Ōsakajō wa kirei desu. Soshite, nigiyaka desu. (×)

3) Onna : Mō Nihon no seikatsu ni naremashita ka.

Otoko : Ē, mainichi tanoshii desu.

Onna : Nihon no tabemono wa dō desu ka.

Otoko : Sō desu ne. Oishii desu ga, takai desu.

★ Nihon no tabemono wa oishii desu. Soshite, yasui desu. (×)

4. 1) isogashii 2) furui 3) yasashii 4) chiisai

5. 1) atarashikunai desu 2) atsukunai desu

3) shizuka ja arimasen 4) benri ja arimasen

6. 1) atarashii 2) yūmeina 3) omoshiroi 4) kireina

5) atsui

7. 1) × 2) × 3) ○ 4) ×

Dai 9 ka

1. 1) Okāsan wa ryōri ga jōzu desu ka.
   …Rei : Hai, jōzu desu.
   2) Donna supōtsu ga suki desu ka.
   …Rei : Sakkā ga suki desu.
   3) Konban yakusoku ga arimasu ka.
   …Rei : Iie, arimasen.
   4) Kanji ga wakarimasu ka.
   …Rei : Hai, sukoshi wakarimasu.
   5) Dōshite Nihon-go o benkyō-shimasu ka.
   …Rei : Nihon no kaisha de hatarakimasu kara.

2. 1) Onna 1 : Maria-san no go-shujin wa donna supōtsu ga suki desu ka.
   Onna 2 : Sakkā ga suki desu.
   Onna 1 : Maria-san wa?
   Onna 2 : Watashi wa tenisu ga suki desu.
   ★ Maria-san no go-shujin wa tenisu ga suki desu. (×)

   2) Onna : Santosu-san wa Nihon-go ga jōzu desu ne.
   Otoko : Arigatō gozaimasu.
   Onna : Kanji wa dō desu ka.
   Otoko : Sukoshi wakarimasu ga, muzukashii desu.
   ★ Santosu-san wa kanji ga zenzen wakarimasen. (×)

   3) Onna : Mirā-san, ryōri ga jōzu desu ne.
   Otoko : Uchi de itsumo tsukurimashita kara.
   Onna : Dare ni naraimashita ka.
   Otoko : Haha ni naraimashita.
   ★ Mirā-san wa okāsan ni ryōri o naraimashita. (○)

   4) Otoko : Kimura-san, eiga no chiketto ga arimasu. Issho ni ikimasen ka.
   Onna : Itsu desu ka.
   Otoko : Ashita desu.

Onna : Sumimasen. Ashita wa yakusoku ga arimasu kara, chotto …….

★ Kimura-san wa ashita hima desu kara, eiga o mimasu. (×)

5) Onna : Biiru, ikaga desu ka.

Otoko : Iie, kekkō desu.

Onna : Mirā-san wa biiru ga kirai desu ka.

Otoko : Iie, suki desu ga, kyō wa kuruma de kimashita kara.

Onna : Sō desu ka.

★ Mirā-san wa kuruma de kimashita kara, biiru o nomimasen. (○)

3. 1) zenzen 2) takusan 3) totemo 4) yoku

4. 1) donna 2) dōshite 3) dō 4) dore

5. 1) ga 2) ga 3) ga 4) kara 5) ga 6) ga/kara

6. 1) maishū shimasu 2) atsui kōhii o nomimasu

3) nani mo kaimasen 4) ginkō wa yasumi desu

7. 1) ○ 2) × 3) × 4) ×

Dai 10 ka

1. 1) Anata wa ima doko ni imasu ka.
   …Rei : Uchi ni imasu.
   2) Anata no uchi ni inu ga imasu ka.
   …Rei : Iie, imasen.
   3) Anata no heya ni denwa ga arimasu ka.
   …Rei : Iie, arimasen.
   4) Nihon-go no jisho wa doko ni arimasu ka.
   …Rei : Tsukue no ue ni arimasu.
   5) Uchi no chikaku ni nani ga arimasu ka.
   …Rei : Sūpā ya toshokan [nado] ga arimasu.

2. 1) Otoko : Anō, sumimasen. Toire wa doko desu ka.
   Onna : Asoko ni kaidan ga arimasu ne.
   Otoko : Ē.
   Onna : Otearai wa ano ushiro desu.
   Otoko : Dōmo. (①)

   2) Otoko : Sumimasen. Tēpu-rekōdā, arimasu ka.
   Onna : Ano tana no ue desu yo.
   Otoko : Arimasen yo.
   Onna : Sō desu ka. …A, asoko.
   Otoko : E?
   Onna : Denwa no hidari desu.
   Otoko : Ā, dōmo. (③)

   3) Otoko : Moshi moshi, Satō-san desu ka.
   Onna : Hai. A, Mirā-san. Ima doko ni imasu ka.
   Otoko : Eki no mae desu.
   Onna : Sō desu ka. Ja, ima ikimasu.
   Otoko : Hai. (①)

3. 1) Otoko no ko : Konnichiwa.

Onna : A, Tarō-kun. Konnichiwa.

Otoko no ko : Teresa-chan wa imasu ka.

Onna : Iie, Teresa wa kōen e ikimashita yo.

Otoko no ko : Sō desu ka.

★ Teresa-chan wa kōen ni imasu. (○)

2) Onna : Guputa-san, o-kuni wa dochira desu ka.

Otoko : Indo desu.

Onna : Sō desu ka. Kazoku to issho ni Nihon e kimashita ka.

Otoko : Iie, hitori de kimashita. Kazoku wa kuni ni imasu.

Onna : Sō desu ka.

★ Guputa-san wa kazoku to Nihon e kimashita. (×)

4. 1) arimasu 2) imasu 3) imasu

4) arimasen 5) imasen

5. 1) ni 2) no/ni 3) wa/to/no 4) ni/mo 5) ya/ga

6. 1) nani ga 2) dare ga/dare mo 3) nani o/nani mo

4) doko e/doko mo

Dai 11 ka

1. 1) Kazoku wa nan-nin desu ka.
   …Rei : 4-nin desu.
   2) Anata no uchi ni heya ga ikutsu arimasu ka.
   …Rei : Yottsu arimasu.
   3) Anata no kuni kara Nihon made hikōki de nan-jikan kakarimasu ka.
   …Rei : 5-jikan kakarimasu.
   4) Ima made donokurai Nihon-go o benkyō-shimashita ka.
   …Rei : 2-kagetsu benkyō-shimashita.
   5) 1-kagetsu ni nan-kai gurai eiga o mimasu ka.
   …Rei : 1-kai mimasu.

2. 1) Onna : Kyōdai ga imasu ka.
   Otoko : Ē, imōto ga hitori imasu. Gakusei desu. (②)

   2) Onna : Irasshaimase.
   Otoko : Kōhii o futatsu. Sorekara, aisukuriimu o hitotsu onegai-shimasu.
   Onna : Kashikomarimashita. (②)

3. 1) Onna : 80-en no kitte o 10-mai to 50-en no kitte o 10-mai kudasai.
   Otoko : Hai. Zenbu de 1,300-en desu.
   Onna : Hai.
   Otoko : Dōmo arigatō gozaimashita.
   ★ Onna no hito wa kitte o 20-mai kaimashita. (○)

   2) Onna : Kono tegami, ea-mēru de onegai-shimasu.
   Otoko : Hai. Indo desu ne. 190-en desu.
   Onna : Donokurai kakarimasu ka.
   Otoko : Yokka gurai desu.
   ★ Tegami wa Indo made ea-mēru de yōka kakarimasu. (×)

   3) Otoko : Doko de Nihon-go o benkyō-shimashita ka.
   Onna : Kuni de Nihon-jin no sensei ni naraimashita.

3) Otoko : Doko de Nihon-go o benkyō-shimashita ka.
Onna : Kuni de Nihon-jin no sensei ni naraimashita.
Otoko : Mainichi benkyō-shimashita ka.
Onna : Iie, sui-yōbi to do-yōbi ni benkyō-shimashita.
★ Kuni de 1-shūkan ni 1-kai Nihon-go o benkyō-shimashita. (×)

4. 1) futari 2) yon-dai 3) jū-mai 4) itsutsu

5. 1) ikutsu 2) nan-jikan 3) nan-mai 4) nan-dai

6. 1) ni/× 2) de 3) ni/× 4) o/×

7. 1) 4-nin desu 2) itsutsu arimasu 3) 650-en desu
4) 48-jikan naraimashita

Dai 12 ka

1. 1) Kinō no tenki wa dō deshita ka.
   …Rei : Yokatta desu.
   2) Senshū wa isogashikatta desu ka.
   …Rei : Hai, isogashikatta desu.
   3) Anata no kuni to Nihon to dochira ga hito ga ōi desu ka.
   …Rei : Watashi no kuni no hō ga hito ga ōi desu.
   4) 1-nen de itsu ga ichiban suki desu ka.
   …Rei : Haru ga ichiban suki desu.
   5) Anata no kuni de doko ga ichiban yūmei desu ka.
   …Rei : Pekin ga ichiban yūmei desu.

2. 1) Onna : Tanaka-san, atarashii kuruma desu ne.
   Otoko : Ē, sengetsu kaimashita.
   Onna : Yamada-san no kuruma yori ōkii desu ne.
   Otoko : Sō desu. Sukoshi ōkii desu.
   ★ Tanaka-san no atarashii kuruma wa Yamada-san no kuruma yori ōkii desu. (○)

   2) Onna : Mirā-san wa umi to yama to dochira ga suki desu ka.
   Otoko : Umi no hō ga suki desu. Karina-san wa dochira ga suki desu ka.
   Onna : Sō desu ne. Watashi wa dochira mo suki desu.
   ★ Karina-san wa umi no hō ga suki desu. (×)

   3) Otoko : Nihon wa samui desu ne.
   Onna : Sō desu ne. Demo raigetsu no hō ga samui desu yo.
   1-nen de 1-gatsu ga ichiban samui desu kara.
   ★ 12-gatsu wa 1-gatsu yori samui desu. (×)

   4) Otoko : Senshū Kyōto de tomodachi to Gion-matsuri o mimashita.
   Onna : Dō deshita ka.
   Otoko : Omoshirokatta desu. Demo hito ga ōkatta desu.
   Onna : Sō desu ka.

★ Gion-matsuri wa totemo nigiyaka deshita. (○)

5) Otoko : Kinō hajimete Nihon-ryōri o tabemashita. Totemo oishikatta desu.
Onna : Nani o tabemashita ka.
Otoko : Sashimi ya tenpura ya sushi o tabemashita.
Onna : Nani ga ichiban oishikatta desu ka.
Otoko : Sō desu ne. Tenpura ga ichiban oishikatta desu.
★ Nihon-ryōri de tenpura ga ichiban oishikatta desu. (○)

3. 1) tōi 2) sukunai 3) omoi 4) kirai

4. 1) yokunakatta desu 2) ame ja arimasendeshita
3) omoshirokunakatta desu 4) kantan ja arimasendeshita
5) isogashikunakatta desu

5. 1) dochira 2) dare 3) nani 4) doko 5) itsu (nan-yōbi)

6. 1) × 2) ○ 3) ○ 4) × 5) ×

Dai 13 ka

1\. 1) Ima nani ga ichiban hoshii desu ka.

…Rei : Pasokon ga hoshii desu.

2) Ashita nani o shitai desu ka.

…Rei : Eiga o mi ni ikitai desu.

3) Ima dare ni ichiban aitai desu ka.

…Rei : Kare (Kanojo) ni aitai desu.

4) Shūmatsu wa doko e asobi ni ikitai desu ka.

…Rei : Umi e ikitai desu.

5) Hikōki no kippu o anata ni agemasu. Doko e nani o shi ni ikimasu ka.

…Rei : Suisu e sukii ni ikimasu.

2\. 1) Otoko : Satō-san, ima, nani ga ichiban hoshii desu ka.

Onna : Sō desu ne. Atarashii pasokon ga hoshii desu.

Otoko : Pasokon desu ka.

Onna : Yamada-san wa?

Otoko : Watashi wa mainichi isogashii desu kara, jikan ga hoshii desu.

★ Yamada-san wa isogashii desu kara, jikan ga arimasen. (○)

2) Otoko : Onaka ga sukimashita ne.

Onna : Ē, nanika tabetai desu ne.

Otoko : Kono chikaku ni ii mise ga arimasu ka.

Onna : Eki no mae ni ii resutoran ga arimasu.

Otoko : Sō desu ka. Ja, soko e ikimashō.

★ Futari wa resutoran e shokuji ni ikimasu. (○)

3) Onna : Yamada-san, natsu-yasumi wa dokoka ikimasu ka.

Otoko : Iie.

Onna : E, dōshite desu ka.

Otoko : Yasumi wa yokka dake desu kara, uchi de yasumitai desu.

★ Yamada-san wa natsu-yasumi ni doko mo ikimasen. (○)

4) Otoko : Konbanwa.

Onna :	Konbanwa. O-dekake desu ka.		
Otoko :	Ē. Eki made kodomo o mukae ni ikimasu.		
Onna :	Sō desu ka. Itte irasshai.		
★	Otoko no hito wa eki de kodomo ni aimasu.	(○)	

5)	Otoko :	Karina-san wa Nihon e nan no benkyō ni kimashita ka.	
	Onna :	Bijutsu no benkyō ni kimashita.	
	Otoko :	Sō desu ka. Benkyō wa dō desu ka.	
	Onna :	Nihon-go ga yoku wakarimasen kara, taihen desu.	
	★	Karina-san wa Nihon e Nihon-go no benkyō ni kimashita.	(×)

3. 1) kaeritai 2) netai 3) nomitai
4) shitakunai 5) ikitakunai

4. 1) ga 2) ga/mo 3) de/o 4) e/ni 5) ni

5. 1) kari 2) kai 3) kaimono 4) oyogi 5) gaikokujin-tōroku

6. 1) ○ 2) ○ 3) × 4) ○ 5) ×

Dai 14 ka

1. 1) Ima ame ga futte imasu ka.
   …Rei : Iie, futte imasen.
   2) Ima nani o shite imasu ka.
   …Rei : Benkyō-shite imasu.
   3) Ima nanika nonde imasu ka.
   …Rei : Iie, nonde imasen.
   4) Ima kazoku wa nani o shite imasu ka.
   …Rei : Nete imasu.
   5) Anata no uchi no denwa-bangō o kaite kudasai.
   …Rei : 03-3123-1234

2. 1) Otoko : Satō-san wa doko ni imasu ka.
   Onna : 1-kai de kopii-shite imasu. Yobimashō ka.
   Otoko : Ē, sugu yonde kudasai.
   Onna : Hai, wakarimashita. (②)

   2) Onna : Shin-Ōsaka made onegai-shimasu.
   Otoko : Hai.
   Onna : Ano shingō o hidari e magatte kudasai.
   Otoko : Hai.
   Onna : Ano shiroi biru no mae de tomete kudasai. (③)

3. 1) Onna : Ame ga futte imasu ne. Issho ni takushii de kaerimasen ka.
   Otoko : Anō, kyō wa kuruma de kimashita kara. Issho ni ikaga desu ka.
   Onna : Ā, sō desu ka. Ja, onegai-shimasu.
   ★ Futari wa issho ni kuruma de kaerimasu. (○)

   2) Otoko : Yamada desu. Konnichiwa.
   Konshū no do-yōbi ni uchi de pātii o shimasu.
   Mirā-san mo kite kudasai. Kimura-san mo kimasu yo.
   Mata ato de denwa o kakemasu.

★ Do-yōbi ni Kimura-san no uchi de pātii o shimasu. (×)

3) Otoko : Karina-san, sono jisho chotto kashite kudasai.

Onna : Sumimasen. Ima tsukatte imasu.

Otoko : Ja, ato de onegai-shimasu.

★ Otoko no hito wa ato de jisho o karimasu. (○)

4. 1) itte 2) isoide 3) nonde 4) asonde 5) matte
6) kaette 7) katte 8) kashite 9) tabete 10) okite
11) mite 12) benkyō-shite 13) kite

5. 1) isoide 2) kite 3) matte 4) shimete

6. 1) asonde 2) futte 3) shite/oyoide

7. 1) × 2) × 3) ○ 4) ×

Dai 15 ka

1. 1) Bijutsukan de shashin o totte mo ii desu ka.
   …Rei : Iie, ikemasen.
   2) Anata no kuni de donna Nihon no seihin o utte imasu ka.
   …Rei : Jidōsha o utte imasu.
   3) Nihon de ichiban takai yama o shitte imasu ka.
   …Rei : Hai, shitte imasu. Fujisan desu.
   4) Kazoku wa doko ni sunde imasu ka.
   …Rei : Rondon ni sunde imasu.
   5) O-shigoto wa nan desu ka.
   …Rei : Ginkōin desu. Appuru-ginkō de hataraite imasu.

2. 1) Otoko : Koko de tabako o sutte mo ii desu ka.
   Onna : Sumimasen. Achira no robii de onegai-shimasu.
   ★ Robii de tabako o sutte mo ii desu. (○)

   2) Onna : Koko ni kuruma o tomete mo ii desu ka.
   Otoko : Sumimasen. Achira ni tomete kudasai.
   Onna : Wakarimashita.
   ★ Koko ni kuruma o tomete wa ikemasen. (○)

   3) Otoko : Ii-san no go-kazoku wa?
   Onna : Ryōshin to ani ga hitori imasu.
   Ryōshin wa Kankoku ni sunde imasu ga, ani wa Amerika no daigaku de oshiete imasu.
   ★ Ii-san no kazoku wa minna Amerika ni sunde imasu. (×)

   4) Onna : Shitsurei desu ga, o-shigoto wa?
   Otoko : Pawā-denki no enjinia desu.
   Onna : Dokushin desu ka.
   Otoko : Iie. Tsuma wa daigaku de Doitsu-go o oshiete imasu.
   ★ Otoko no hito no okusan wa Doitsu-go no sensei desu. (○)

5) Otoko : Satō-san, Pawā-denki no denwa-bangō o shitte imasu ka.
Onna : Ē, 934 no 8567 desu.
Otoko : Jūsho wa?
Onna : Chotto matte kudasai. Hai, kore desu.
Otoko : Dōmo.
★ Satō-san wa Pawā-denki no denwa-bangō o shitte imasu ga, jūsho o shirimasen. (×)

3. 1) yasumimasu 2) shokuji-shimasu 3) kimasu 4) kakimasu
5) karimasu 6) mukaemasu 7) machimasu 8) hanashimasu
9) tomemasu

4. 1) mise no mae desu 2) shiyakusho e gaikokujin-tōroku ni ikimasu
3) eiga o mitai desu 4) watashi no ja arimasen

5. 1) tabete wa ikemasen 2) kaette mo ii desu
2) hanashite wa ikemasen 4) nonde wa ikemasen

6. 1) sunde 2) tsukutte 3) kekkon-shite 4) motte

7. 1) Iie, kekkon-shite imasen.
2) 12-gatsu ni-jū yokka ni shigoto o shim asu.
3) Hai, shitte imasu. (Santakurōsu desu.)/Iie, shirimasen.
4) Hai, moraimashita./Iie, moraimasendeshita.

Dai 16 ka

1. 1) Asa okite nani o shimasu ka.

   …Rei : Shawā o abite, shinbun o yomimasu.

   2) Kinō bangohan o tabete kara nani o shimashita ka.

   …Rei : Sukoshi terebi o mite, sorekara hon o yomimashita.

   3 Anata no uchi kara kūkō made dōyatte ikimasu ka.

   …Rei : Chikatetsu de Umeda e itte, JR ni norikaete, kūkō made ikimasu.

   4) Anata no Nihon-go no jisho wa dō desu ka.

   …Rei : Karukute, benri desu.

   5) Okāsan wa donna hito desu ka.

   …Rei : Ryōri ga jōzu de, omoshiroi hito desu.

2. 1) Otoko : Kaisha made itsumo dōyatte ikimasu ka.

   Onna : JR de Ōsaka made itte, chikatetsu ni norikaete, Nipponbashi de orimasu.

   Sorekara kaisha made aruite ikimasu.

   Otoko : Sō desu ka. (①)

   2) Otoko : Sumimasen. Karina-san wa dono hito desu ka.

   Onna : Ano hito desu yo.

   Otoko : E?

   Onna : Ano se ga takakute, kami ga mijikai hito desu.

   Otoko : Dōmo. (③)

3. 1) Otoko : Benkyō wa nan-ji ni owarimasu ka.

   Onna : 3-ji ni owarimasu.

   Otoko : Ja, benkyō ga owatte kara, tenisu o shimasen ka.

   Onna : Ii desu ne.

   Otoko : Ja, 3-ji han goro robii de matte imasu.

   ★ Onna no hito wa 3-ji made benkyō-shite, sorekara tenisu o shimasu.

   (○)

   2) Onna : Ryō wa dō desu ka.

   Otoko : Shizuka de, kirei desu.

Onna : Eki kara nan-pun gurai kakarimasu ka.

Otoko : Basu de 20-pun gurai desu.

Onna : Sō desu ka. Sukoshi tōi desu ne.

★ Otoko no hito no ryō wa eki kara chikakute, shizuka de, kirei desu. (×)

3) Onna : Ryokō wa dō deshita ka.

Otoko : Tsukaremashita.

Do-yōbi ni Hiroshima o mite, nichi-yōbi ni Nagasaki e ikimashita.

Onna : Sō desu ka. Isogashikatta desu ne.

★ Otoko no hito wa shūmatsu ni ryokō o shimashita. (○)

4. 1) ni 2) ni 3) o 4) ga 5) ga
6) o 7) o 8) o/de

5. 1) itte 2) dashite 3) notte/norikaete 4) abite

6. 1) gakusei de 2) yokute 3) karukute 4) nigiyaka de

7. 1) × 2) ○ 3) ○ 4) ×

Dai 17 ka

1. 1) Gaikoku-ryokō ni nani o motte ikanakereba narimasen ka.
   …Rei : Pasupōto o motte ikanakereba narimasen.
   2) Anata no kuni de kodomo wa nan-sai kara gakkō e ikanakereba narimasen ka.
   …Rei : 6-sai kara ikanakereba narimasen.
   3) Maiasa nan-ji ni okinakereba narimasen ka.
   …Rei : 7-ji ni okinakereba narimasen.
   4) Ashita dekakenakereba narimasen ka.
   …Hai, dekakenakereba narimasen./Iie, dekakenakute mo ii desu.
   5) Mainichi Nihon-go o hanasanakereba narimasen ka.
   …Hai, hanasanakereba narimasen./Iie, hanasanakute mo ii desu.

2. 1) Onna : Kirei desu ne! Ano hana no mae de shashin o torimashō.
   Otoko : A, sumimasen. Soko ni hairanai de kudasai.
   Onna : A, sumimasen.
   ★ Hana no shashin o totte wa ikemasen. (×)

   2) Otoko : Konban issho ni shokuji ni ikimasen ka.
   Onna : Sumimasen. Kyō wa hayaku kaeranakereba narimasen.
   Otoko : Sō desu ka. Zannen desu ne.
   Onna : Mata kondo onegai-shimasu.
   ★ Onna no hito wa kyō shokuji ni ikimasen. (○)

   3) Otoko : Sensei, o-furo ni haitte mo ii desu ka.
   Onna : Iie, kyō wa hairanai de kudasai. Sorekara, 2, 3-nichi, supōtsu wa shinai de kudasai.
   Otoko : Hai, wakarimashita.
   ★ Kyō wa supōtsu o shite wa ikemasen. (○)

   4) Onna : Kono kusuri wa asa to ban, gohan o tabete kara, nonde kudasai.
   Otoko : Hiru wa ii desu ka.
   Onna : Ē, hiru wa nomanakute mo ii desu.
   Otoko : Wakarimashita.

★ Otoko no hito wa 1-nichi ni 2-kai kusuri o nomanakereba narimasen. (○)

5) Onna : Ashita no asa wa nani mo tabenai de kudasai ne. 9-ji made ni byōin e kite kudasai.

Otoko : Anō, nomimono wa nonde mo ii desu ka.

Onna : Nomimono mo dame desu. Mizu mo nomanai de kudasai.

Otoko : Wakarimashita.

★ Otoko no hito wa ashita no asa, nani mo tabete wa ikemasen ga, mizu wa nonde mo ii desu. (×)

3. 1) ikanai 2) nuganai 3) kaesanai 4) motanai
5) yobanai 6) hairanai 7) harawanai 8) wasurenai
9) oboenai 10) okinai 11) karinai 12) minai
13) shinai 14) shinpai-shinai 15) konai

4. 1) ikanai de 2) nakusanai de 3) akenai de
4) hairanai de 5) shinpai-shinai de

5. 1) irenakereba narimasen 2) konakute mo ii desu
3) nuganakereba narimasen 4) kaesanakereba narimasen
5) dasanakute mo ii desu

6. 1) ○ 2) ○ 3) × 4) × 5) ○

Dai 18 ka

1. 1) Dansu ga dekimasu ka.
   …Rei : Hai, dekimasu.
   2) Nan-mētoru gurai oyogu koto ga dekimasu ka.
   …Rei : 100-mētoru gurai oyogu koto ga dekimasu.
   3) Anata no kuni de nan-sai kara kuruma o unten-suru koto ga dekimasu ka.
   …Rei : 18-sai kara dekimasu.
   4) Shumi wa nan desu ka.
   …Rei : Piano o hiku koto desu.
   5) Maiban neru mae ni, nani o shimasu ka.
   …Rei : Nikki o kakimasu.

2. 1) Onna : Shumi wa nan desu ka.
   Otoko : Iroirona kuni no ryōri o tsukuru koto desu.
   Onna : Ima made ni donna kuni no ryōri o tsukurimashita ka.
   Otoko : Tai ya Indo ya Mekishiko ya …….
   Onna : Sugoi desu ne.
   ★ Otoko no hito no shumi wa iroirona kuni no ryōri o taberu koto desu. (×)

   2) Onna : Irasshaimase.
   Otoko : Kōhii to sandoitchi o onegai-shimasu.
   Onna : Sumimasen ga, mazu achira de chiketto o katte kudasai.
   Otoko : Ā, sō desu ka.
   ★ Taberu mae ni, chiketto o kawanakereba narimasen. (○)

   3) Onna : Kochira wa ichiban atarashii seihin desu.
   Otoko : Karui desu nē.
   Onna : Ē, tsukai-kata mo kantan desu yo.
   Otoko : Demo, chotto takai desu ne ……. Kādo o tsukau koto ga dekimasu ka.
   Onna : Hai, dekimasu yo.
   ★ Kono mise de genkin de harawanakute mo ii desu. (○)

4) Otoko : Raishū no pātii ni kimasu ka.
Onna : Ē. Nanika tetsudaimashō ka.
Otoko : Ja, sumimasen ga, onegai-shimasu.
Onna : Nan-ji ni ikimashō ka.
Otoko : Pātii wa 6-ji kara desu. 30-pun gurai mae ni kite kudasai.
★ Onna no hito wa 6-ji ni pātii ni ikimasu. (×)

5) Otoko : Hai, Midori-toshokan desu.
Onna : Sochira made dōyatte ikimasu ka.
Otoko : 50-ban no basu ni notte, Toshokan-mae de orite kudasai.
Onna : Kuruma de itte mo ii desu ka.
Otoko : Chikaku ni tomeru koto ga dekimasen kara, basu de onegai-shimasu.
Onna : Hai, wakarimashita.
★ Onna no hito wa kuruma de toshokan e ikimasu. (×)

3. 1) hiku 2) hanasu 3) motsu 4) asobu 5) nomu
6) hairu 7) utau 8) atsumeru 9) suteru 10) miru
11) abiru 12) suru 13) unten-suru 14) kuru
15) motte kuru

4. 1) no/ga 2) o/ga 3) no 4) ×

5. 1) noru 2) yoyaku-suru 3) kaku 4) kaeru

6. 1) nonde kara 2) hajimeru mae ni 3) neru mae ni
4) dashite kara

7. 1) ○ 2) × 3) ○ 4) ×

Dai 19 ka

1. 1) Sumō o mita koto ga arimasu ka.
   …Rei : Hai, arimasu.
   2) Nichi-yōbi nani o shimasu ka.
   …Rei : Bideo o mitari, CD o kiitari shimasu.
   3) Nihon de nani o shitai desu ka.
   …Rei : Ikebana o narattari, ryokō-shitari shitai desu.
   4) Tsugi no tanjōbi ni nan-sai ni narimasu ka.
   …Rei : 22-sai ni narimasu.

2. 1) Otoko : Otōsan wa o-genki desu ka.
   Onna : Ē. Chichi wa mō 81-sai ni narimashita ga, haha to ryokō-shitari, yasai o tsukuttari shite imasu.
   Otoko : Sō desu ka.
   ★ Onna no hito no ryōshin wa genki desu. (○)

   2) Onna : Kaze wa dō desu ka.
   Otoko : Amari chōshi ga yokunai desu. Nodo ga itai desu kara, nani mo tabetakunai desu.
   Onna : Sō desu ka. Byōin e ikimashita ka.
   Otoko : Iie, kusuri-ya de kusuri o kaimashita.
   ★ Otoko no hito wa nakanaka genki ni narimasen kara, byōin e ikimashita. (×)

   3) Otoko : Anō, shitsurei desu ga …….
   Onna : Hai.
   Otoko : Dokoka de atta koto ga arimasu ne.
   Onna : E?
   Otoko : 1-kagetsu gurai mae ni hikōki de tonari ni suwarimashita ne.
   Onna : Ā, sō deshita ne.
   ★ Onna no hito wa otoko no hito ni atta koto ga arimasu. (○)

   4) Onna : Kono ringo, ikura desu ka.

Otoko : Hitotsu 180-en desu.
Onna : Mō sukoshi yasuku narimasen ka.
Otoko : Ūn, ja, futatsu, 300-en.
Onna : Ja, yottsu kudasai.
★ Ringo wa yottsu de 600-en desu. (○)

5) Onna : Yamada-san, Fujisan ni nobotta koto ga arimasu ka.
Otoko : Ē, 1-kai dake arimasu.
Onna : Yuki ga arimashita ka.
Otoko : Ē, natsu deshita ga, arimashita.
★ Yamada-san wa natsu ni Fujisan de yuki o mita koto ga arimasu. (○)

3. 1) itta 2) hataraita 3) oyoida 4) nonda 5) asonda
6) motta 7) katta 8) notta 9) keshita 10) tabeta
11) neta 12) mita 13) orita 14) sanpo-shita 15) kita

4. 1) ga 2) ni 3) ni 4) ni

5. 1) itta 2) sōji-shita/kaimono ni itta 3) kaita/kiita 4) mita

6. 1) kirei ni 2) kuraku 3) nemuku 4) ame ni

7. 1) × 2) × 3) ○

Dai 20 ka

1. 1) Nichi-yōbi nani o suru?

   …Rei : Tenisu o suru.

   2) Kudamono de nani ga ichiban suki?

   …Rei : Ringo ga ichiban suki [da].

   3) Kanji ga ikutsu wakaru?

   …Rei : 100 gurai wakaru.

   4) Anata no kuni to Nihon to dotchi ga hito ga ōi?

   …Rei : Nihon no hō ga ōi.

   5) Nihon no eiga o mita koto ga aru?

   …Rei : Uun, nai.

2. 1) Onna : A, ame!

   Otoko : E? Kasa, motteru?

   Onna : Uun. Tanaka-san wa?

   Otoko : Boku mo motte nai.

   ★ Futari wa kasa o motte imasen. (○)

   2) Otoko : Kinō, hajimete Kinkakuji e itta yo. Itta koto aru?

   Onna : Uun, ichido mo nai. Dō datta?

   Otoko : Kirei datta yo. Mata ikitai.

   Onna : Ja, raigetsu issho ni ikanai?

   Otoko : Un, ii ne.

   ★ Otoko no hito to onna no hito wa issho ni Kinkakuji e ikimashita. (×)

   3) Onna : Ashita no ban, hima? Kankoku no eiga no kippu o 2-mai moratta kedo, mi ni ikanai?

   Otoko : Ii ne. Doko de au?

   Onna : Sō ne, 6-ji ni Umeda-eki de.

   Otoko : Wakatta. Ja, mata ashita.

   ★ Futari wa ashita 6-ji ni aimasu. (○)

   4) Otoko : Ashita uchi e asobi ni konai?

Onna : Ikitai kedo, yōji ga aru kara.

Otoko : Sō, ja, mata kondo.

★ Ashita onna no hito wa tomodachi no uchi e ikimasen. (○)

5) Otoko : Nakamura-san, shumi wa?

Onna : Supōtsu yo. Tenisu, gorufu, sukii.

Otoko : Boku mo supōtsu ga suki da kedo, isogashii kara ⋯.

Terebi no supōtsu wa yoku miru kedo.

Onna : Fūn.

★ Otoko no hito wa yoku supōtsu o shimasu. (×)

3.

oyogu	oyoganai	(oyoida)	oyoganakatta
(kasu)	kasanai	kashita	kasanakatta
matsu	(matanai)	matta	matanakatta
asobu	asobanai	asonda	(asobanakatta)
nomu	(nomanai)	nonda	nomanakatta
(aru)	nai	atta	nakatta
kau	kawanai	katta	(kawanakatta)
neru	nenai	(neta)	nenakatta
(kariru)	karinai	karita	karinakatta
suru	shinai	(shita)	shinakatta
kuru	(konai)	kita	konakatta
(samui)	samukunai	samukatta	samukunakatta
ii	yokunai	(yokatta)	yokunakatta
hima da	hima ja nai	hima datta	(hima ja nakatta)
tenki da	tenki ja nai	(tenki datta)	tenki ja nakatta

4. 1) kaketa? 2) sunde iru 3) kaette mo ii?
4) asobi ni iku 5) morawanakereba naranai
6) sutte wa ikenai 7) yomu koto ga dekinai
8) tabeta koto ga nai 9) hoshii 10) umi datta

5. 1) mō kekkon-shite imasu ka/iie, dokushin desu

2) pātii ni ikimashita ka/iie, ikimasendeshita/atama ga itakatta desu kara

3) genki desu ne/ē, wakai desu kara

6. 1) ○ 2) ○ 3) × 4) ○

Dai 21 ka

1\. 1) Ashita wa tenki ga ii to omoimasu ka.

…Rei : Hai, ii to omoimasu.

2) Nihon ni tsuite dō omoimasu ka.

…Rei : Kōtsū ga benri da to omoimasu.

3) Nihon-jin wa anata no kuni ni tsuite yoku shitte iru to omoimasu ka.

…Rei : Iie, amari shiranai to omoimasu.

4) Nihon-jin wa gohan o taberu mae ni, nan to iimasu ka.

…"Itadakimasu" to iimasu.

5) Tōkyō wa yūmei deshō?

…Rei : Hai, yūmei desu.

2\. 1) Onna : Kachō wa?

Otoko : 2-kai no kaigishitsu desu. Ima kaigi o shite imasu.

Onna : Nan-ji goro owarimasu ka.

Otoko : 3-ji goro da to omoimasu ga.

Onna : Sō desu ka. Ja, mata ato de kimasu.

★ Onna no hito wa korekara kaigishitsu e ikimasu. (×)

2) Otoko 1 : Tsugi no sakkā no shiai wa Ōsaka de arimasu ne.

Otoko 2 : Ē. Nihon ga katsu to omoimasu ka.

Otoko 1 : Ūn. Dochira mo tsuyoi desu kara nē.

★ Otoko no hito wa Nihon ga katsu to iimashita. (×)

3) Onna : Shushō ga atarashii kūkō o tsukuru to iimashita ne.

Otoko : Ē.

Onna : Benri ni narimasu ne.

Otoko : Watashi wa kūkō wa iranai to omoimasu. Okane no muda desu yo.

★ Atarashii kūkō ni tsuite, otoko no hito to onna no hito no iken wa onaji desu.

(×)

4) Otoko : 7-gatsu ni Kyōto de yūmei na o-matsuri ga aru deshō?

Onna : Ā, Gion-matsuri desu ne.

Otoko : Itta koto ga arimasu ka.

Onna : Iie, arimasen.

Otoko : Ja, kotoshi issho ni ikimasen ka.

Onna : Ē.

★ Onna no hito wa Gion-matsuri ni ikimasu. (○)

5) Otoko : Sono kaban, omoi deshō? Mochimashō ka.

Onna : Arigatō gozaimasu. Demo, sonnani omokunai desu kara, daijōbu desu.

Otoko : Sō desu ka.

★ Otoko no hito wa onna no hito no kaban o mochimasu. (×)

3. 1) oishikunai 2) jōzu da 3) yaku ni tatsu 4) kaetta

4. 1) nichi-yōbi kazoku to Ōsakajō-kōen e iku 2) omoshiroi
3) nigiyaka datta 4) shiai o mi ni iku koto ga dekinai

5. 1) aru 2) tsukareta 3) atsui 4) chizu

6. 1) ○ 2) ○ 3) ×

Dai 22 ka

1. 1) Anata ga umareta machi wa doko desu ka.
   …Rei : Tōkyō desu.
   2) Ima ichiban hoshii mono wa nan desu ka.
   …Rei : Kuruma desu.
   3) Kazoku de megane o kakete iru hito ga imasu ka.
   …Rei : Iie, imasen.
   4) Ima kuruma o kau okane ga arimasu ka.
   …Rei : Hai, arimasu.
   5) Resutoran de taberu ryōri to uchi de taberu ryōri to dochira ga suki desu ka.
   …Rei : Uchi de taberu ryōri no hō ga suki desu.

2. 1) Onna : Kore, watashi ga tsukutta kēki desu kedo, ikaga desu ka.
   Otoko : Itadakimasu. Chokorēto-kēki desu ne.
   Ūn. Oishii desu ne.
   ★ Onna no hito wa chokorēto-kēki o tsukurimashita. (○)

   2) Otoko : A, soko ni kasa o okanai de kudasai.
   Onna : Sumimasen. Kasa o oku tokoro wa doko desu ka.
   Otoko : Kaidan no ushiro ni arimasu kara, soko ni oite kudasai.
   Onna : Wakarimashita.
   ★ Kasa wa kaidan no ushiro ni okanakereba narimasen. (○)

   3) Onna : Mirā-san, koko ni atta shinbun wa?
   Otoko : Yamada-san ga motte ikimashita yo.
   Onna : A, sō desu ka.
   ★ Mirā-san wa ima shinbun o yonde imasu. (×)

   4) Onna : Yamada-san, ashita tenisu ni ikimasen ka.
   Otoko : Ashita desu ka. Ūn, ashita wa chotto …….
   Kodomo to asobi ni iku yakusoku ga arimasu kara.
   Onna : Sō desu ka. Ja, mata kondo.

★ Yamada-san wa ashita kodomo to asobimasu kara, tenisu ni ikimasen. (○)

5) Otoko : Ryokō no shashin desu ne. Kono hito wa dare desu ka.

Onna : Dono hito desu ka.

Otoko : Satō-san no ushiro ni iru, kami ga mijikai hito desu.

Onna : Ā, Karina-san desu.

★ Karina-san wa kami ga mijikai desu. (○)

3. 1) niwa ga aru 2) o-sake o nomanai

3) toshokan de karita 4) Maria-san kara kita

4. 1) doko 2) dō 3) dore

5. 1) Kore wa itsu katta gyūnyū desu ka

2) Kore wa dare ga tsukutta kēki desu ka

3) Kore wa dare ni moratta purezento desu ka

6. 1) tomodachi to eiga o miru 2) shiyakusho e iku 3) hirugohan o taberu

7. 1) × 2) ○ 3) ×

Dai 23 ka

1. 1) Kodomo no toki, doko ni sunde imashita ka.
   …Rei : Ōsaka ni sunde imashita.
   2) Gaikoku e itte, michi ga wakaranai toki, dō shimasu ka.
   …Rei : Chikaku ni iru hito ni kikimasu.
   3) Himana toki, nani o shimasu ka.
   …Rei : Ongaku o kiitari, hon o yondari shimasu.
   4) Donna toki, takushii ni norimasu ka.
   …Rei : Nimotsu ga ōi toki, norimasu.
   5) Takusan o-sake o nomu to, dō narimasu ka.
   …Rei : Atama ga itaku narimasu.

2. 1) Onna : Sumimasen, kokusai-denwa o kakeru toki, dō shimasu ka.
   Otoko : Doko ni kakemasu ka.
   Onna : Amerika no tomodachi desu.
   Otoko : Ja, mazu 001 o oshite, tsugi ni Amerika no kuni no bangō 1 o oshimasu.
   Sorekara tomodachi no bangō o oshimasu.
   Onna : Wakarimashita. Dōmo arigatō gozaimashita. (②)

   2) Otoko : Sumimasen. Midori-toshokan wa doko desu ka.
   Onna : Eki no mae no michi o massugu iku to, hashi ga arimasu.
   Otoko : Hashi desu ne.
   Onna : Ē. Sono hashi o watatte, 100-mētoru gurai iku to, hidari ni arimasu. (①)

3. 1) Onna : Sumimasen. Kono kikai no tsukai-kata o oshiete kudasai.
   Otoko : Hai. Mazu koko ni okane o irete kudasai.
   Tsugi ni kono botan o osu to, kādo ga demasu.
   Onna : Kono botan desu ne.
   Wakarimashita. Arigatō gozaimashita.
   ★ Botan o oshite kara, okane o ireru to, kādo ga demasu. (×)

2) Onna : Saikin minna denwa o motte imasu ne.

Otoko : Ē, ryokō ya shutchō no toki, benri desu kara.

Watashi wa shutchō-suru toki, pasokon mo motte ikimasu.

★ Otoko no hito wa shutchō no toki, denwa to pasokon o motte ikimasu.

(○)

3) Onna : Yamada-san, sore wa nan desu ka.

Otoko : Chūgoku no ocha desu. Karada no chōshi ga warui toki, nomimasu.

Onna : Sore mo ocha desu ka.

Otoko : Iie, kore wa kusuri desu. O-sake o nonda toki, nomimasu.

★ Yamada-san wa o-sake o nonda toki, Chūgoku no ocha o nomimaru.

(×)

4. 1) kariru 2) wataru 3) nai 4) denai

5. 1) tsukareta 2) deru 3) okita 4) neru

6. 1) himana 2) dokushin no 3) wakai

7. 1) magaru 2) mawasu 3) ireru

8. 1) × 2) × 3) × 4) ×

Dai 24 ka

1. 1) Kodomo no toki, okāsan wa amai okashi o kuremashita ka.

   …Rei : Iie, kuremasendeshita.

   2) Anata wa ima okāsan ni nani o shite agetai desu ka.

   …Rei : Ryokō ni tsurete itte agetai desu.

   3) Nihon-jin no tomodachi ni anata no kuni no ryōri o tsukutte ageta koto ga arimasu ka.

   …Rei : Iie, arimasen.

   4) Okane ga nai toki, dare ni kashite moraimasu ka.

   …Rei : Ani ni kashite moraimasu.

   5) Kodomo no toki, otōsan wa yoku asonde kuremashita ka.

   …Rei : Hai, yoku asonde kuremashita.

2. 1) Onna : Ii tokei desu ne. Doko de kaimashita ka.

   Otoko : Kore desu ka. Tanjōbi ni ani ga kuremashita.

   Onna : Sō desu ka.

   ★ Otoko no hito wa oniisan no tanjōbi ni tokei o agemashita. (×)

   2) Onna : A, ame desu ne. Mirā-san, kasa o motte imasu ka.

   Otoko : Iie.

   Onna : Ja, watashi no o kashimashō ka.

   Otoko : Ē. Demo, Satō-san wa dō shimasu ka.

   Onna : Ane ga kuruma de mukae ni kite kuremasu kara, daijōbu desu.

   ★ Satō-san wa kuruma de kaerimasu. (○)

   3) Otoko : Sumimasen ga, shashin o totte kudasai.

   Onna : Ii desu yo. Ja, torimasu yo.

   Otoko : Dōmo arigatō gozaimashita.

   Onna : Iie, dō itashimashite.

   ★ Onna no hito wa otoko no hito ni shashin o totte moraimashita. (×)

   4) Otoko : Sumimasen. Kono chikaku ni yūbinkyoku ga arimasu ka.

   Onna : Ē, arimasu yo.

   Watashi mo chikaku made ikimasu kara, issho ni ikimashō.

Otoko : Sumimasen.

★ Onna no hito wa yūbinkyoku no chikaku made otoko no hito to issho ni itte agemasu. (○)

5) Onna : Kinō wa watashi no tanjōbi deshita.

Otoko : Sō desu ka. Omedetō gozaimasu.
Pātii o shimashita ka.

Onna : Iie. Kōbe e shokuji ni ikimashita.
Tomodachi ga tsurete itte kuremashita.

★ Onna no hito wa kinō tomodachi to Kōbe e ikimashita. (○)

3. 1) kuremashita 2) moraimashita 3) kuremasu 4) moraimashita

4. 1) ○ 2) ○ 3) ×

5. 1) o 2) ga/ga 3) ni 4) ni

6. 1) × 2) × 3) × 4) ○

Dai 25 ka

1. 1) Moshi 1,000-man-en attara, nani o shitai desu ka.
   …Rei : Iroirona kuni o ryokō-shitai desu.
   2) Nichi-yōbi ii tenki dattara, doko e asobi ni ikitai desu ka.
   …Rei : Kyōto e asobi ni ikitai desu.
   3) Karada no chōshi ga warukattara, dō shimasu ka.
   …Rei : Shigoto o yasumimasu.
   4) Dai 25 ka no mondai ga owattara, nani o shimasu ka.
   …Rei : Terebi o mimasu.
   5) Toshi o totte mo, hatarakitai desu ka.
   …Rei : Hai, hatarakitai desu.

2. 1) Otoko : Karina-san, 1-nen yasumi o morattara, nani o shitai desu ka.
   Onna : Gaikoku no bijutsukan e e o mi ni ikitai desu.
   Mirā-san wa?
   Otoko : Watashi wa iroirona kuni e biiru o nomi ni ikitai desu.
   ★ Nagai yasumi ga attara, Karina-san wa e o kaki ni ikimasu. (×)

   2) Otoko : Ashita hima dattara, Kyōto e ikimasen ka. Yūmeina o-matsuri ga arimasu.
   Onna : Ii desu ne. Ame ga futte mo, arimasu ka.
   Otoko : Ame dattara, arimasen.
   Onna : Sō desu ka.
   ★ Ashita ame ga futtara, o-matsuri ga arimasen. (○)

   3) Onna : Itsu Indo e ryokō ni ikimasu ka.
   Otoko : Natsu-yasumi ni nattara, sugu ikimasu.
   Onna : Itsu kaerimasu ka.
   Otoko : Sō desu ne. Okane o zenbu tsukattara, kaerimasu.
   Onna : Sō desu ka. Ki o tsukete kudasai ne.
   ★ Otoko no hito wa ryokō kara kaettara, okane ga arimasen. (○)

   4) Onna : Yoshida-san, kuruma o motte imasu ka.
   Otoko : Iie.
   Onna : Kuruma ga attara, benri desu yo.

Otoko : Sō desu ka. Atte mo, muda da to omoimasu.

Onna : Dōshite desu ka.

Otoko : Ōsaka no machi wa kuruma ga ōi desu kara, jitensha no hō ga hayai desu yo.

★ Otoko no hito wa kuruma ga arimasu ga, jitensha ni norimasu. (×)

5) Onna : Otsuri ga demasen.

Otoko : Kono botan o oshimashita ka.

Onna : Ē, oshite mo, demasen.

Otoko : Ja, koshō desu ne. Mise no hito ni iimashō.

★ Botan o oshimashita ga, otsuri ga demasendeshita. (○)

3. 1) tsukatta 2) konakatta 3) muri datta 4) yokatta

5) kangaete 6) benri de

4. 1) c 2) a 3) e 4) f 5) b

5. 1) Kaigi ga owattara, sugu ikimasu

2) Daigaku o detara, sugu kekkon-shitai desu

3) Hirugohan o tabetara, sugu dekakemashō

4) Kuni e kaettara, sugu hajimemasu

6. 1) ○ 2) × 3) ○ 4) ○ 5) ×

Fukushū A

1. 1) no 2) mo 3) no 4) no 5) no 6) no
7) wa 8) o 9) kara/made 10) no/ni
11) kara/made 12) kara 13) de/e 14) ni/to/e
15) de/to/o 16) mo

2. 1) [asa] 7-ji ni asagohan o tabemasu
2) 12-ji kara 1-ji made desu
3) owarimasu
4) 6-ji ni uchi e kaerimasu
5) [ban] 8-ji kara 10-ji made hon o yomimasu

3. 1) nan-sai 2) nan 3) nan 4) dare 5) dare
6) doko 7) dochira (doko) 8) dochira 9) doko
10) ikura 11) nan-ban 12) nan-ji 13) nan-ji
14) nan-ji/nan-ji 15) nan-yōbi 16) nan-gatsu/nan-nichi 17) doko
18) itsu 19) dare 20) nan 21) nani 22) doko
23) nani

4. 1) desu/ja arimasen 2) masu/masen 3) masu/masen
4) mashita/masendeshita 5) masen/mashō

Fukushū B

1. 1) nan 2) dare 3) nan 4) dō 5) donna
   6) dore 7) donna 8) dōshite 9) dare 10) nani
   11) doko 12) doko 13) ikutsu 14) nan-nin 15) nan-dai
   16) donokurai (nan-jikan) 17) donokurai (nan-nen) 18) dō
   19) dō 20) nani

2. 1) de 2) ni 3) de 4) ni (kara) 5) de
   6) mo 7) ga 8) ga 9) ga 10) ga
   11) ga/kara 12) no/ni 13) to/no/ni 14) ni/mo
   15) no/ni/mo 16) wa/ni 17) ni/ga 18) kara/made/de
   19) ga 20) ni 21) to/to/ga 22) yori
   23) de/ga 24) ga 25) ga 26) e/ni 27) de/ni
   28) e/no/ni 29) o

3. 1) b/a 2) a 3) b 4) b 5) a 6) b

Fukushū C

1. 1) ga 2) to 3) o 4) no/o 5) ni 6) ni
   7) ni 8) ga/ga 9) ni 10) o/e 11) ga
   12) de/ga 13) no 14) ni 15) ni

2. 1) hairi/shi 2) hataraki 3) mukae 4) benkyō 5) kashite
   6) kakete 7) tsuke 8) tsukatte 9) kekkon-shite
   10) atte/mite 11) tabete 12) tora 13) harawa
   14) ko 15) oyogu 16) kaku 17) hairu 18) notta
   19) kaita/kiita 20) atama ga yokute 21) shizuka de 22) yasuku
   23) jōzu ni

3. 1) b 2) b 3) a 4) a 5) a 6) a
   7) a 8) b

Fukushū D

1. 1) b 2) b 3) a 4) c 5) b
6) a 7) c 8) c 9) c/a 10) c
11) a 12) c

2. 1) b 2) c 3) a

3.

okimasu	~~oku~~	okanai	oita	okanakatta
ikimasu	iku	~~ikanai~~	itta	ikanakatta
isogimasu	~~isogu~~	isoganai	isoida	isoganakatta
nomimasu	nomu	nomanai	~~nonda~~	nomanakatta
~~asobimasu~~	asobu	asobanai	asonda	asobanakatta
torimasu	toru	~~toranai~~	totta	toranakatta
~~arimasu~~	aru	nai	atta	nakatta
kaimasu	kau	kawanai	katta	~~kawanakatta~~
~~tachimasu~~	tatsu	tatanai	tatta	tatanakatta
hanashimasu	~~hanasu~~	hanasanai	hanashita	hanasanakatta
tabemasu	taberu	tabenai	~~tabeta~~	tabenakatta
oboemasu	oboeru	~~oboenai~~	oboeta	oboenakatta
mimasu	miru	minai	mita	~~minakatta~~
dekimasu	dekiru	~~dekinai~~	dekita	dekinakatta
~~benkyō-shimasu~~	benkyō-suru	benkyō-shinai	benkyō-shita	benkyō-shinakatta
~~kimasu~~	kuru	konai	kita	konakatta
~~ii desu~~	ii	yokunai	yokatta	yokunakatta
ikitai desu	~~ikitai~~	ikitakunai	ikitakatta	ikitakunakatta
~~hima desu~~	hima da	hima ja nai	hima datta	hima ja nakatta
ame desu	ame da	~~ame ja nai~~	ame datta	ame ja nakatta

4. 1) motte inai 2) shinsetsu de/omoshirokute/ii hito da
3) shiranai 4) taihen da 5) konai 6) hima
7) kite iru 8) nai 9) yomitai 10) ageru
11) kaimono-suru

Fukushū E

1. 1) c　2) c　3) c　4) a　5) a　6) b
   7) b　8) c　9) a　10) c　11) c　12) b

2. 1) sanpo-suru　2) himana　3) byōki no　4) mawasu
   5) tetsudatte　6) kite　7) oshiete　8) atta
   9) tsukanakatta　10) atsukatta　11) ame datta　12) kangaete
   13) isogashikute　14) kirai de　15) nichi-yōbi de

3. 1) a　2) a　3) a　4) b
   5) b　6) b　7) b